열하일기

고전 찬찬히 읽기
01

# 열하일기
삶과 문명의 눈부신 비전

고미숙 지음

작은길

일러두기

1. 이 책에 실린 『열하일기』의 원문은 1932년에 간행된 박영철본의 국역본과 저자가 2008년 공역 출간한 편역본을 참조하여 발췌, 인용했다. 원문은 푸른색 글자로 표시했다.
2. 인용한 원문에는 저자 주와 편집자 주가 섞여 있지만 표기의 번삽함을 피하기 위해 굳이 밝혀 구분하지는 않았다. 다만 박지원의 원주는 밝혀 두었다.
3. 원문에 나오는 날짜는 원전의 기록을 그대로 따른 음력 날짜이다.
4. 본문에 사용된 도판은 모두 저작권자의 허락을 받아 실은 것이며, 저작권자가 소유권 표기를 원하지 않은 것은 명시하지 않았다.
5. 이 책은 2007년 3월 28일 아이세움 발행본의 개정판이다. 230여 년 전 연암의 여행이 지금 우리 시대의 삶과 문명에 던지는 질문과 비전을 보다 충실히 갈무리하고자 했다.

• 책머리에

# 열하일기, 숨은 보석을 찾아라!

누군가 말했다. 배움이란 우정을 나누는 일이라고. 뭔가를 배우기 위해선 반드시 친구가 필요하다는 뜻이다. 친구들 사이엔 서로 선물을 주고받는다. 앎이란 몸을 탄탄하게, 마음은 풍요롭게 해준다는 점에서 최고의 선물에 속한다. 게다가 그 앎에 원대한 비전이 담겨 있다면? 세상에 이보다 더 아름다운 선물은 없다!

『열하일기』를 통해 연암 박지원과 우정을 나눈 지도 10년이 되었다. 하지만 연암은 지금도 변함없이 내게 선물 공세를 퍼붓고 있다. 이번에 받은 선물은 『열하일기』라는 고원 곳곳에 숨어 있는 주옥 같은 '명문名文'들이다. 다들 알다시피, 『열하일기』는 보통의 여행기처럼 날짜별로 배열되어 있다. 중국 여행 내내 연암은 하루도 빠짐없이 그날의 여정과 사건, 모험과 해프닝 등을 세밀하게 기록해 두었다. 그런데 그 기록들 사이사이로 번득이는 착상과 위트가 넘치는 잠언(혹은 아포리즘)들이 숨어 있다. 마주치는 순간, 발길을 우뚝 멈춰 세우는 그런 문장들 말이다. '그대, 길을 아는가?', '아, 참 좋은 울음터로구나', '청 문명의 장관은 기와 조각과 똥부스러기에 있다', '소경의 평등안' 등이 거기에 속한다. 그런가 하면, 매일의 여정에서 떼어 내어 별도로 완성한 문장들이 있다. 여정 속에 뒤섞기엔 너무 아쉬웠던 탓일까. 〈상기〉나 〈야출고북구기〉, 〈일야구도하기〉, 〈환희기〉 등 연암 사상의 '정수'에 해당하는 명문장들이 그것이다. 앞의 것들이 『열하일기』라는 고원의 숲속에 흩어져 있는 '숨은 보석'들이라면, 후자는 그 고원의 하늘로 찬연하게 쏘아올린 '별빛 같은 보석'들이다.

그런 점에서 이 책은 일종의 '보석 채굴기'에 해당한다. 『열하일기』를 여기저기 뛰어다니며 한 문장씩 건져 올릴 때마다 설레임과 흥분으로 가슴이 콩닥거렸다. 어린 시절 소풍 가서 '보물찾기'를 할 때처럼. 이제 여기 모두 10개의 주옥 같은 문장들을 채집하고 갈무리하여 세상 속으로 보낸다. 별은 서로를 비춰 줌으로써 빛난다고 했던가. 마찬가지로 보석들도 함께 어우러질 때 더욱 영롱하다. 그저 그 빛깔과 광채를 음미하는 것으로도 충분히 행복할 터, 군데군데 붙어 있는 나의 '군말'은 이 보석들을 하나로 엮어 주는 실마리 정도로 생각하면 된다. 이 실마리에 엮인 말과 글을 따라가다 보면, 한성에서 연경, 연경에서 열하로 이어지는 멀고도 험한 여행의 지도가 한눈에 그려질 것이다. 혹 뜻밖의 행운이 따라 준다면, 그 지도를 통해 삶과 문명, 인생과 우주에 대한 연암의 원대한 비전을 엿볼 수도 있으리라.

2003년 『열하일기』를 '리라이팅'한 작품(『열하일기, 웃음과 역설의 유쾌한 시공간』)을 세상에 내놓으면서, 나 자신과 두 가지 약속을 했다. 하나는 『열하일기』를 이 시대의 생생한 언어로 변환하여 누구나 쉽게 읽을 수 있는 번역본을 내는 것, 또 하나는 청소년들도 쉽게 『열하일기』의 진수를 음미할 수 있는 친절한 안내서를 내는 것. 전자가 바로 2008년에 나온 『세계 최고의 여행기 열하일기』(상·하)이고, 후자에 해당하는 것이 바로 이 책이다. 조금 늦긴 했지만 그럭저럭 약속을 지키게 되어 나름 뿌듯하다. 『열하일기』가 내 인생의 큰 선물이었듯, 이 책도 청소년 독자들에게 좋은 선물이 되기를 바란다. 독자들이 연암 박지원과 좋은 친구가 될 수 있다면, 더할 나위 없이 기쁘겠다.

  2007년에 초판이 나왔고, 이번에 내는 책은 개정판이다. 초판에서 불가피하게 빠져야 했던 이야기와 명문장들이 좀 더 보완되었다. 세월이 무상하다고, 초판에서 개정판을 내는 사이에 크고 작은 변화가 있었다. 저자인 나는 인문학과 의역학의 결합을 꿈꾸는 새로운 네트워크를 열었고, 초판 편집자였던 최지영은 독자적인 출판사를 꾸리게 되었다. 이 책이 그녀의 출발에 작은 응원이 될 수 있다면, 참 좋겠다.

2012년 10월
인문의역학연구소 감이당에서 고미숙 쓰다

• 차례

• 책머리에 열하일기, 숨은 보석을 찾아라! 5

## intro. 그대, 길을 아는가?

출발 18
벗은 '제2의 나'다 22
연암이 '연암'으로 들어간 까닭은? 27
청나라로부터 배우다 - 북학北學 31
검문 37
길은 '사이'에 있다 41

## chapter 01. 소경의 평등안 : 이용후생, 그리고 정덕正德

책문 48
여래와 소경 52
득롱이 54
정덕正德을 환기하라! 58
잠꼬대 66
'청 문명의 장관은 기와 조각과 똥부스러기에 있다' 70
덧달기 - 쌍림과 장복의 대화 78

## chapter 02. 호곡장好哭場 : 아, 참 좋은 울음터로구나!

투전 84
꿈 88
말 꼬리 91
호곡장好哭場 93
갓난아기가 울음을 터뜨리는 이유는? 98
덧달기 102

## chapter 03. 호질虎叱 : 너희가 '범'을 아느냐?

천하제일관天下第一關 106
〈호질〉의 '발견' 111
미스터리 114
주인공은 '범' 117
인간, 너는 누구인가? 123

## chapter 04. 허생許生 황금을 보기를 뱀처럼 하라

연경 도착! 130
옥갑에서의 '야화' 133
변승업卞承業 141
허생을 인터뷰하다 144

## chapter 05. 야출고북구기 夜出古北口記 만리장성에 담긴 뜻은?

아닌 밤중에 홍두깨!  154
열하로  158
굶주림과 잠고문  161
창대의 수난  167
흑부리 여인들  169
밤에 고북구를 나서며(夜出古北口記)  172
원혼들에 대한 비가悲歌  176
덧달기  179

## chapter 06. 일야구도하기 一夜九渡河記 내 이제야 도를 알았도다!

말(馬)에 대한 깊은 성찰  182
위태로움에 대하여  187
하룻밤에 아홉 번 강을 건너다(一夜九渡河記)  189
마음의 행로  193
마침내 열하!  195
잠과 꿈의 '사이'  199

## chapter 07. 상기 象記 코끼리를 통해 본 우주의 비의

상방 탐방기  204
코끼리의 형상, 코끼리의 힘  209
하늘이 코끼리를 낸 뜻은?  212
차이를 사유하라!  215
덧달기-지전설  219

chapter 08. 판첸라마 대소동 천하의 형세를 헤아리다

  품생품사 228
  서곡 233
  판첸라마 237
  황제 240
  황금궁전 243
  파사팔巴思八 247
  정림군 250
  천하의 형세 254


chapter 09. 환희기幻戱記 도로 눈을 감고 가시오

  호기심 제왕 262
  신기한 요술나라 265
  엽기적인 너무나 엽기적인 268
  눈속임 271
  꿈속에 또 꿈 274
  소경의 눈물 277
  길 위의 삶 280


- 함께 읽으면 좋은 책들 282
- 박지원 연보 284
- 『열하일기』 원목차 290

- 의주북경사행로(義州北京使行路). 서울대학교 규장각 소장. 의주를 거쳐 북경을 오가던 조선 사신의 여정을 담은 지도이다. 붉은색 실선이 의주에서 압록강을 건너 중국 구련성에 들어간 다음, 책문, 요양, 심양을 거쳐 황성이 있는 북경에 이르는 길이다. 조선의 연행 사신단은 의주에서 북경에 이르기까지 정해진 길로만 이동해야 했으므로, 모든 연행의 '루트'는 동일할 수밖에 없었다. 『열하일기』 26편 중 날짜별로 기술한 7편이 탄생된 지점을 이 지도 위에 표시해 보았다.

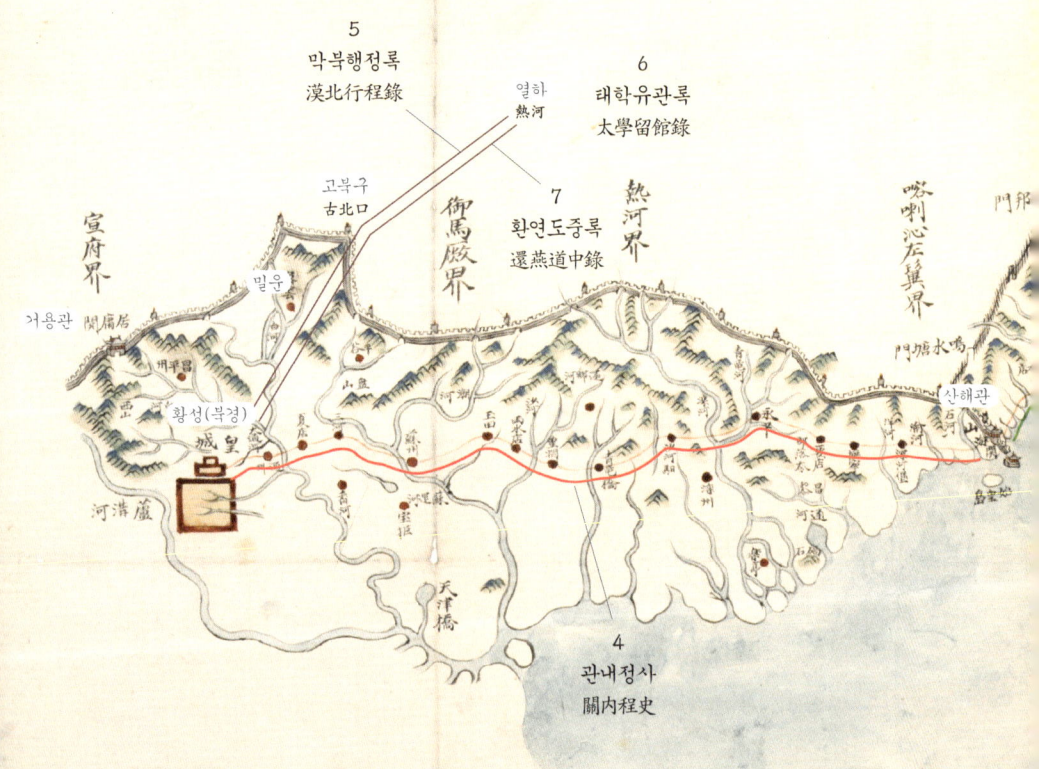

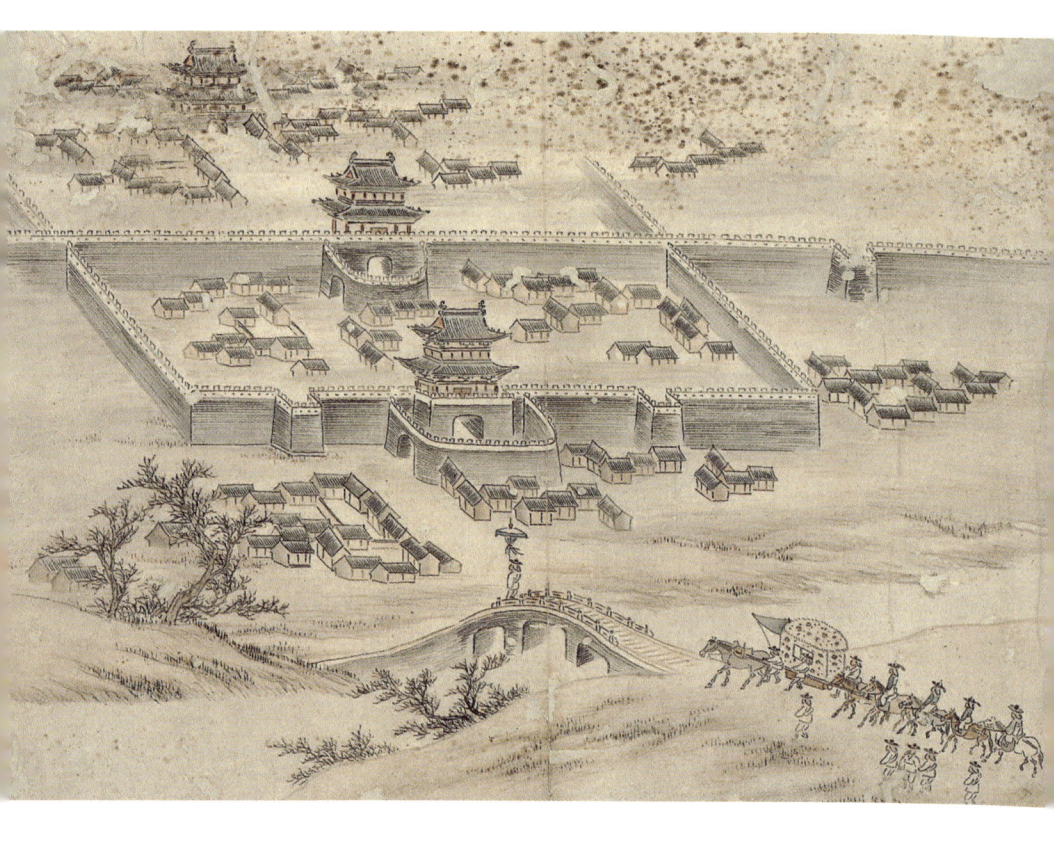

〈연행도〉 부분, 숭실대학교 한국기독교박물관 소장

조선 시대 외교정책의 근간은 '사대교린事大交隣', 곧 큰 나라인 중국은 섬기고 다른 주변국과는 우호 관계를 유지하는 것이었다. 1780년 건륭제의 만수절 축하사절단의 정식 명칭은 '사은 겸 진하사謝恩兼進賀使'로, 정기적으로 보내는 '정기사'가 아니라, 특별 외교 행사에 파견하는 '임시사'였다.

사신단의 주요 직책에는 총책임자격인 '정사正使', 정사를 보조하는 '부사副使', 기록 담당 '서장관書狀官'이 있고, 수석 통역관에 해당하는 '수역首譯'이 있었다. 정사, 부사, 서장관을 일컬어 '삼사三使'라고 한다.

사신단의 규모는 적게는 40~50여 명에서 많게는 수백 명에 이르렀기 때문에 몇 개의 모둠으로 나누어 움직였다. 삼사가 속한 상방上房이 있고, 그 아래로 부방副房, 삼방三房이 있었다. 방마다 통역을 맡은 역관과 수행 담당 무관인 '비장裨將'들이 복수로 배속되어 있었고, 의원도 동행했다. 1780년의 '사은 겸 진하사'의 정사는 영조의 사위이자 연암의 삼종형인 박명원이었고, 부사는 대사성大司成(성균관의 수장) 벼슬에 있던 정원시, 서장관은 조정진, 수역은 홍명복이었다. 연암은, 평소 자신을 아껴 온 삼종형 박명원이 '자제군관' 자격으로 발탁해 동행한 것이었다. '자제군관'은 연행 사신의 자제나 친척의 일원을 개인수행원 자격의 군관으로 데려가 앞선 문물을 견학하도록 기회를 제공하는 제도였다. 연암의 길벗이자 말벗으로 자주 등장하는 '정 진사', 정각은 부사의 자제군관이었다. 그 밖에도 주방 담당, 곡식 담당, 일행의 잡무를 처리하는 '마두'와 견마잡이, 말구종 등이 포함되어 그 규모가 250여 명에 이르렀다.

intro

# 그대,
# 길을 아는가?

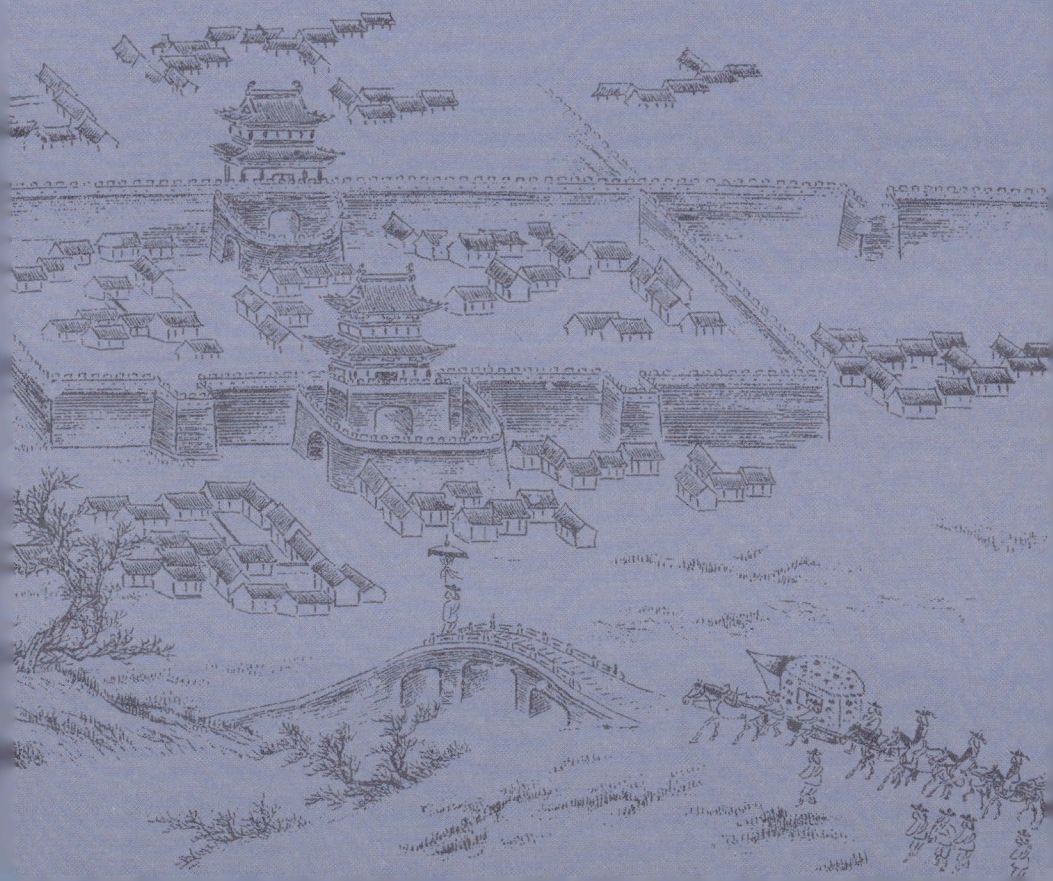

:: 출발

　때는 바야흐로 정조대왕 4년, 청나라 건륭황제 45년(1780년) 여름, 음력으로 6월 24일이다.
　한 달 전 한양을 떠나 압록강에 도착한 뒤, 방물方物(중국에 선물할 우리나라 특산품)이 다 들어오는 데 무려 열흘이나 걸리는 바람에 일정이 몹시 촉박해졌다. 한바탕 장마로 두 강물이 온통 불어났다. 나흘 전부터 쾌청해졌는데도 물살은 여전히 거세다. 나무와 돌이 함께 굴러 내리며 탁류는 아득하니 하늘가로 이어진다. 압록강의 발원지가 그만큼 먼 까닭이다.
　압록강은 천하의 큰 물이다. 백두산은 모든 강의 발원지인데, 그 서남쪽으로 흐르는 강이 압록강이다. 지금 이 강물이 넘쳐흐르는 형세로 보아 백두산의 장마를 대강 짐작할 만하다. 하물며 이곳은 범상한 나루가 아님에랴. 물이 넘치다 보니 나루터는 모두 사라져 버렸고, 모래톱도 잘 보이지 않는다. 사공이 조금만 실수를 해도 큰 사고가 날 판이다. 일행 중 역관들은 번갈아 옛일을 끌어대면서 강 건널 날짜를

늦추자고 했다. 의주義州 부윤府尹(조선 시대 상급 지방행정구획인 부의 우두머리) 이재학李在學 역시 비장裨將을 보내 며칠만 더 묵도록 만류했다. 그러나 정사는 기어이 오늘을 도강일로 정하고 벌써 장계에 날짜를 써 넣었다.

　아침에 일어나자마자 창을 열어젖혔다. 짙은 구름이 산에 자욱하여 금세라도 비를 부를 듯싶다. 행장을 정돈하고 밖으로 나갔더니, 비장이며 역관, 하인배 들이 모두 말쑥하게 빼입고는 서로 마주 보며 웃고 떠들어 댄다. 열흘이나 객관에 묶여 있었던 터라 다들 몸이 근질근질하여 훌쩍 날아가고 싶은 심정이리라.

　몸이 근질거리기는 나 또한 마찬가지였다. 죽조반을 뜨는 둥 마는 둥하고는 혼자 말을 타고 앞서 떠났다. 말은 검붉은 갈기에 흰 정수리, 날씬한 정강이에 높은 발굽, 뾰족한 머리에 짧은 허리, 두 귀가 쫑긋한 품이 참으로 만 리를 달릴 듯싶다. 나를 수행할 하인은 창대와 장복이 둘이다. 창대는 앞에서 견마牽馬를 잡고, 장복은 뒤에서 따라온다. 안장에는 주머니 한 쌍을 달았다. 왼쪽엔 벼루를 넣고 오른쪽엔 거울, 붓 두 자루, 먹 한 장, 조그만 공책 네 권, 이정록里程錄 한 축을 넣었다. 행장이 이렇듯 단출하니, 짐수색이 엄하다 한들 걱정할 게 없다.

　성문에 못 미쳐 동쪽 하늘에서 한바탕 소나기가 몰려온다. 급히 말을 달려 성문턱에 와서야 말에서 내렸다. 혼자 문루에 올라가 성 밑을 굽어보니, 창대 혼자 말을 잡고 서 있고, 장복이는 어디로 갔는지

청나라 6대 황제 건륭제(아래)는 할아버지 강희제(위), 아버지 옹정제(중앙)에 이어 청나라 황금기를 이룩한 성군으로 추앙받는다. 건국 초부터 정치·경제·문화·외교의 기틀을 잡을 수 있었던 데는 이 세 황제가 모두 장수한 것도 한몫 했다. 청나라가 존속한 250년 중 약 150년을 이 세 황제가 다스렸으니 말이다. 조선 사신단도 건륭제의 고희연(70세 생일) 축하 사절로 파견된 것이었다.

보이지 않는다. 잠시 뒤 장복이 조그만 오지병을 들고 바람나게 걸어온다. 둘이 주머니를 털었더니 엽전 몇 닢이 나왔단다. 조선의 돈은 청나라로 가지고 들어가지 못한다. 어차피 그럴 바에야 길에 버리자니 아깝고 해서 술을 샀다는 것이다.

"너희들 주량은 얼마나 되느냐?"

"주량이라니요? 입에도 못 댑니다."

"예끼! 졸보 녀석들! 쯧쯧."

쓸쓸히 혼자서 한 잔을 부어 마셨다. 동쪽을 바라보니 의주 철산의 여러 봉우리들이 첩첩 구름 속에 들어 있다. 술 한 잔을 가득 부어 누각의 첫째 기둥에 뿌렸다. 잘 다녀올 것을 스스로 빌었다. 또 한 잔을 부어 둘째 기둥에 뿌렸다. 이번엔 장복이와 창대를 위하여 빌었다. 술병을 흔들어 보니 아직도 몇 잔 더 남았다.

"창대야, 남은 술을 땅에다 뿌리려무나."

"네?"

"말을 위해 빌어 주자꾸나."

성가퀴에 기대어 동쪽을 바라보았다. 구름이 뭉게뭉게 피어 오르자 백마산성 서쪽 한 봉우리가 홀연 반쯤 모습을 드러냈다. 검푸른 빛깔이 마치 우리 연암서당에서 불일산 뒷봉우리를 바라보는 것 같았다.

:: 벗은 '제 2의 나'다

이것이 『열하일기』의 첫대목이다. 만약 『열하일기』를 영화로 만든다면 첫 번째 시퀀스sequence쯤에 해당되는 셈이다. 이제 이 걸음을 시작으로 장장 3천여 리에 달하는 '로드 무비'가 펼쳐질 것이다. 본격적으로 여행이 시작되기 전에 잠시 호흡을 가다듬고, 이 여행의 주인공이 어떤 인물인지 그 프로필을 한번 살펴보기로 하자.

연암燕巖 박지원朴趾源. 당시 마흔넷이었다. 그때 집권당파인 노론의 명문가에서 태어났건만, 일찌감치 과거를 포기하고 의기투합하는 벗들과 어울려 청춘을 다 보냈다. 과거만 보면 입신양명은 따놓은 당상인데, 대체 왜 그렇게 사느냐며 의아해하는 이들이 많았다. 당파나 정쟁에 얼룩진 정국에 입문하기도 싫었지만, 그가 진정 견디기 어려웠던 건 과거제도의 타락상이었다. 과거를 치를 때마다 응시자가 수만 명이나 되는데, 그러다 보니 시험장은 서로 부르고 짓밟고 하느라 졸지에 아수라장이 되곤 했다. 거기다 백이면 백, 천이면 천, 판에 박은 듯 똑같이 써내는 과문科文(과거시험의 여러 가지 문체)의 격식도 그에

손자 박주수가 그린 연암의 초상이다. 호방하고 고매한 성품, 명예와 이익을 극도로 삼간 대쪽 같은 결단력, 세상 그 누구와도 친구가 될 수 있었던 넉넉한 여유 등이 두루 느껴진다. 후손 박찬우 소장.

게는 실로 끔찍했다.

부도, 명예도 없었건만 그래도 삼십 대는 그의 생애 가운데 가장 빛나는 시절이었다. 함께 웃고 함께 울어 주는 벗들이 있었기 때문이다. 이름하여, '백탑白塔에서의 청연淸緣'! 백탑은 탑골공원에 있는 원각사지 10층석탑을 말한다. 당시 연암과 그의 벗들이 이 근처에서 주로 살았기 때문에 생긴 명칭이다. 스스로를 간서치看書痴, 곧 '책만 보는 바보'라 칭한 이덕무의 사립문이 그 북쪽에 마주 서 있고, 이서구의 사랑채가 서편에 있었으며, 수십 걸음 떨어진 곳에 서상수의 서재가 있었다. 또 북동쪽으로 꺾어진 곳에 유금과 유득공의 집이 있었다. 천재 과학자이자 음악가인 홍대용, 괴짜 발명꾼 정철조, 조선 최고의 창검술 보유자 백동수 등도 연암의 자랑스런 친구들이었다.

삼십 대 중반 즈음, 연암은 식구들을 경기도 광주 석마의 처가로 보낸 뒤 서울 전의감동(조선 시대 의료 행정과 의학 교육을 맡아 보던 전의감이 있던 동네 이름. 지금의 종로구 견지동)에 혼자 기거하면서 이 모임을 이끌었다. 하루는 십팔구 세쯤 되어 보이는 한 젊은이가 찾아왔다. 이름은 초정 박제가. 재주는 탁월한데, 서얼 차별이라는 신분적 장벽 때문에 가슴 속에 불평지기가 가득한 청년이라는 말을 들은 적이 있다. 연암은 옷을 차려 입고 나가 반가이 맞아 주었다. 소문대로 한눈에 오기와 패기가 느껴지는 얼굴이었다.

손을 잡고 방으로 이끈 뒤, 연암은 그 동안 자신이 지은 글을 전부 꺼내 읽어 보게 했다. 그가 글을 읽는 동안 연암은 직접 쌀을 씻어 다관에다 밥을 앉힌 뒤, 흰 주발에 퍼서 옥소반에 받쳐 내오고 술잔을 들어 그를 위해 축수해 주었다. 잔뜩 날이 서 있던 젊은이의 얼굴선이 부드럽게 흘러내렸다. 무척이나 감동받는 눈치였다. 나이도 한참 어린 데다 서자 출신인 자신을 정성껏 맞아 주는 연암의 풍모가 아주 특별하게 느껴졌던 것이다. 하긴, 세상에는 명성과 이익과 권세를 좇는 무리투성이니 그럴 법도 하다. 하지만 연암은 이미 오래전부터 그런 세속적 기준 따위에는 연연하지 않았다.

십 대 무렵, 연암은 한때 심한 우울증에 시달린 적이 있었다. 그는 병을 치료하기 위해 길거리로 나섰고, 그 과정에서 분뇨장수, 이야기꾼, 도사, 건달 등 온갖 부류의 사람들을 만났다. 연암은 그들의 기이한 인생역정에 귀를 기울였고, 그러면서 그들 모두와 친구가 되었다. 그 이야기들을 엮은 것이 바로 『방경각외전放璚閣外傳』이다. 「양반전」이나 「민옹전」, 「광문자전」 등 소설사를 빛내는 주옥 같은 작품들이 여기 실려 있다. 연암은 당시 선비들의 무능과 부패에 질릴 대로 질린 상태였다. 오죽하면 「양반전」 같은 파격적인 작품을 썼겠는가. 그런 양반들에 비하면, 비록 신분이 미천하고 험궂은 일에 종사하긴 하지만 '거리의 친구'들은 훨씬 기상이 맑고 드높았다. 그때 이후 연암은 뜻만 맞으면 세상 그 누구와도 친구가 될 수 있다는 걸 깨닫게 되었다. 그러니 그가 청년 박제가를 정성껏 대한 건 지극히 자연스러운 일이었다. 둘은 그날로 의기투합했고, 그때부터 박제가는 '연암 그룹'에 합류하였다.

이후 박제가는 한번 이곳을 방문하면 돌아가는 것을 잊고 열흘이고 한 달이고 머물면서 시문詩文과 척독尺牘(편지글)을 짓고, 술과 풍류로 밤을 지새곤 했다. 얼마나 이 교유에 몰두했던지 장가가던 날, 장인의 말을 타고 와선 삼경(밤11시~새벽 1시)이 지나도록 여러 벗들의 집을 두루 방문하는 '사고'를 치기도 했다. 후문에 따르면, 그 일로 인해 박제가는 평생을 공처가로 지내야 했다고 한다.

이렇듯 연암과 그의 벗들은 매일 밤 모여 한 곳에선 풍류를, 다른 한편에선 명상을, 또 한쪽에선 세상의 이치를 논하는 모임을 이어갔다. 아무것도 가진 것이 없었지만, 벗이 있었기에 진정 행복했고, 벗이 있었기에 그 무엇도 두렵지 않은 시절이었다. 그때 그들을 사로잡은 윤리적 강령은 오직 하나뿐이었다. "벗이란 제2의 나다."

:: 연암이 '연암'으로 들어간 까닭은?

하지만 백탑에서의 빛나는 시절은 그리 오래가지 않았다. 1778년, 연암은 느닷없이 서울을 떠나야 했다. 아니, 떠났다기보다 도주했다는 말이 더 적절할 것이다. 홍국영의 권세를 피해서 말이다. 홍국영은 정조임금이 즉위하는 데 결정적인 역할을 한 인물이다. 1776년, 당파로 얼룩진 어지러운 정국을 헤치고 마침내 정조임금이 왕위에 올랐다. 그와 동시에 홍국영의 세도가 시작되었다. 홍국영은 자신의 반대파를 하나씩 제거해 나갔는데, 급기야 그 불똥이 연암에게까지 튀게 된 것이다. 백동수가 가장 먼저 정보를 입수하고 달려왔다. 무인이라 홍국영 밑에 있는 협객들과 각별한 인맥을 가지고 있었기 때문이다. 당시 조정대신이던 절친한 친구 유언호도 낌새를 알아채고 곧장 달려왔다. 백동수와 유언호, 두 친구의 의견은 입을 맞춘 듯 똑같았다. "빨리 서울을 떠나 연암으로 들어가게."

연암한테 연암으로 들어가라니? 여기서 '연암'은 개성 부근에 있는 깊은 산골의 이름이다. 젊은 시절 팔도를 유람하던 중 친구 백동수의 안내로 찾아낸 곳이다. 인가도 별로 없는 오지였건만 지세와 산천의 기운이 마음에 쏙 들어 그때부터 '제비바위'라는 뜻의 연암을 자신의 호로 삼았다. 그러니까 친구들의 말은 그 산골짜기로 들어가 죽은 듯이 지내라는 뜻이다.

연암으로선 참 어이없는 일이었다. 홍국영 같은 실력자가 뭣 때문에 관직에도 뜻이 없고, 당파와 어울리지도 않고, 그저 의기투합한 친구들과 '놀기에 바쁜' 인물을 그렇게 주시한단 말인가. 주변 사람들의 말로는 평소 의론이 곧고 명성이 높은 게 화를 부른 원인이라고 했다. 하지만 이것도 설득력이 없는 것이, 연암은 태생적으로 명성 따위에 무심할뿐더러 정국에 대한 비판을 즐겨 하지도 않았기 때문이

정조는 영조의 둘째 아들 장헌세자(일명 사도세자)와 혜경궁 홍씨의 맏아들로 태어났다. 어린 시절, 아버지가 극심한 당쟁의 회오리에 휘말려 비극적인 죽음을 맞이한 탓에 즉위한 뒤에는 당쟁을 극도로 경계하였다. 정조는 당파 간 대립을 막기 위해 당시 집권 세력인 노론뿐 아니라 소론과 남인 계열을 고루 등용하였고, 왕권 강화의 중추기관으로 왕실 도서관 '규장각'(오른쪽)을 설립하였다. 규장각은 명색은 국립도서관이었지만, 정조의 정치적 이상을 실행하기 위한 정권의 핵심기구였다.

다. 하긴, 도둑이 제 발 저리다고 홍국영 같은 세도가한테는 연암의 존재 자체가 부담스러웠을 것이다.

　설상가상으로 가정 형편 역시 좋지 않았다. 그즈음 그의 스승이자 정신적 지주이기도 했던 장인 이보천이 세상을 떠나고, 그간 가족의 생계를 떠맡아 온갖 고생을 다한 형수님마저 돌아가시는 바람에 먹고살기가 막막해진 것이다. 평생을 '프리랜서'로 지냈던 그로서도 뭔가 생활의 방편을 마련해야 할 처지였다. 이래저래 연암은 울며 겨자먹기로 '연암'으로 들어갈 수밖에 없었다. 그때 그의 나이 마흔두 살 즈음이었다.

:: 청나라로부터 배우다
— 북학北學

세상에선 연암과 그의 벗들을 북학파라고 부른다. 북학, 곧 청나라로부터 배운다는 뜻이다. 당시의 지배적 이념은 북벌北伐, 곧 '청나라를 정벌하자!'였다. 청나라는 만주족 오랑캐이자 병자호란의 수치를 안겨 준 원수이기 때문에 반드시 중원에서 몰아내야 한다는 것이 북벌론의 요지이다. 주지하듯이, 그것은 '소중화小中華'론과 짝을 이루고 있는 이념이다. '소중화'란 '작은 중화'라는 뜻으로, 명나라의 멸망과 더불어 중화 문명의 정수는 중국에서 조선으로 옮겨 왔다는 사상을 말한다. 하지만 북벌론은 청나라를 향하기보다는 실제로 조선의 내부를 통치하기 위한 이데올로기로 기능하고 있었다.

그러다 보니 겉보기엔 거창했지만 실상은 참으로 공허하기 짝이 없었다. 북벌을 하려면 청나라보다 국력이 더 튼튼해야 하는데, 그에 대한 대비책은 마련하지 않은 채 그저 목청만 높이고 있었으니 말이다. 어디 그뿐인가. 그걸 핑계로 당시 세계 제국의 중심인 청나라 문명을 거들떠보려 하지도 않으니 말이다.

연암과 그의 벗들은 이런 허위의식을 용납할 수 없었다. 그리하여, 허울 좋은 북벌론을 벗어던지고 청나라로부터 그 문명의 정수를 배우자는 북학의 기치를 높이 내걸었다. 홍대용이 그 선두주자였다. 그는 아주 일찌감치 연행을 다녀왔는데(1766년), 그때 연경에서 절강성 출신 선비 세 명을 만나, 평생 국경을 뛰어넘는 지극한 우정을 나누었다. 그들과 나눈 필담을 정리하여 낸 것이 바로 『회우록會友錄』이라는 책이다.(이들의 우정이 얼마나 애틋했던지 홍대용이 죽자 연암이 그의 묘비명을 썼는데, 그 문장을 중국의 벗들에게 홍대용의 죽음을 알리는 형식으로 구성했을 정도다.) 그 이후 이덕무와 유득공, 박제가 등도 직접 연행을 했고, 그 체험을 담아 연행록을 펴냈다. 박제가는 특히 과격한 북학파였다. 청나라 문명을 제대로 받아들이기 위해서는 중국어를 공용어로 삼아야 한다는 주장을 펼 정도였다. 그가 펴낸 『북학의北學議』라는 책은 북학을 널리 알리는 데 결정적인 기여를 했다. 사정이 이렇다 보니 이들은 모이기만 하면 청나라에 대한 이야기를 그치지 않았다. 하지만 연암은 특별한 관직이 없는 터라 중국 여행은 꿈도 꿀 수 없는 처지였다. 그저 벗들을 통해 전해 듣는 것으로 만족하는 수밖에 없었다.

연암협으로 도주한 지 2년 후, 홍국영이 급작스레 실각하게 되자, 연암은 다시 서울로 돌아왔다. 화근은 사라졌지만 '백탑 청연' 시절의 옛 친구들은 병으로 세상을 떠나거나 생계가 어려워

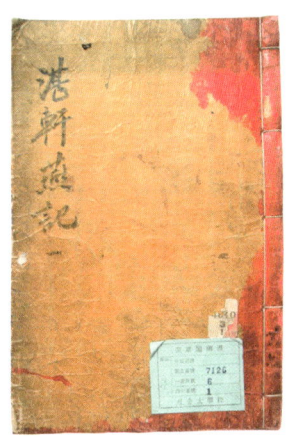
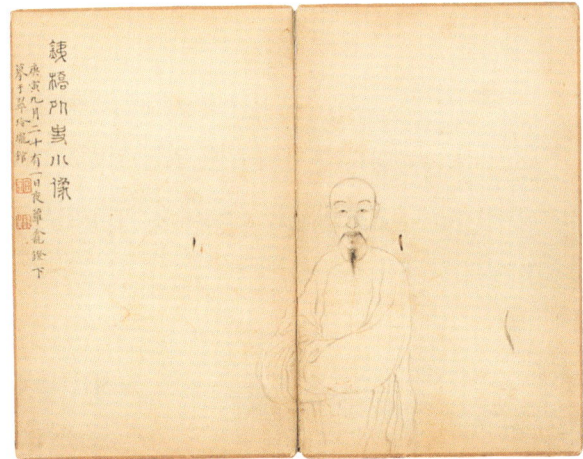

담헌 홍대용은 연암보다 여섯 살 연상이었으나 평생 돈독한 우정을 맺었다. 연암과 담헌은 천성적 기질이나 외적인 풍모에서 참 대조적인 인물이지만, 사상적 동지이자 허물 없는 벗으로 궁합이 잘 맞았던 듯하다. 1783년 홍대용이 세상을 떠나자 연암은 손수 그의 장례를 돌보았고, 그가 연행길에 사귄 중국의 벗들에게도 부고를 알렸다. 간결한 먹선으로 홍대용의 특징을 잘 잡아낸 위 그림은 중국 항주 출신 선비 엄성(아래)이 그려 준 것이다. 홍대용은 1766년 연행사로 북경에 다녀온 뒤 『담헌연기』(위 오른쪽)라는 연행록을 남겼다. 담헌은 자신의 연행록을 체재를 달리해 한글본으로도 지었는데, 『을병연행록(乙丙燕行錄)』이 그것이다.

궁벽한 촌구석으로 들어가고 말았다. 박제가의 표현을 빌리면, "풍류는 지난날에 비해 줄어들고, 얼굴빛은 옛날의 그것이 아니"었으니, "벗과의 교유도 참으로 피할 수 없는" 무상함이 있었던 것이다. 쓸쓸한 귀환.

하지만 인생은 길섶마다 행운을 숨겨 둔다고 했던가. 1780년, 울울한 심정에 어디론가 멀리 떠나기를 염원하던 차, 삼종형 박명원이 건륭황제의 70세 만수절 축하 사절로 중국으로 가게 되면서 그를 동반하기로 한 것이다. 연암의 집안은 대대로 노론 벌열가문인 데다 삼종형은 영조대왕의 극진한 사랑을 받은 화평옹주의 남편, 곧 부마도위로 왕족의 일원이었다. 박명원은 평소 연암이 청나라 문명을 동경하는 걸 알고서 그를 자신의 개인수행원(자제군관)으로 임명해 준 것이다. 말이 수행원이지, 실제론 특별한 공무가 없는 일종의 '프리랜서'였다. 연암의 생애에 있어 가장 빛나는 사건이자 화려한 외출인 중국여행은 이렇게 해서 시작되었다.

서두에서 이미 감상했듯이, 음력 5월 말경에 길을 떠나 한 달여 만에 압록강에 도착했는데, 큰비로 계속 강물이 넘치는 바람에 열흘 넘게 발이 묶였다가 그날에야 비로소 강을 건너게 된 것이다.

어떤가? 이 정도면 우리의 주인공이 어떤 인물인지 좀 감이 오는가? 여전히 아리송하다고? 뭐, 그래도 상관없다. 긴 여정을 함께할 제, 꼭 필요한 건 정보가 아니라 정서적 친밀감이다. 함께 울고 함께 웃으면서 매 순간 새로운 관계를 구성할 수 있는 교감능력 말이다.

 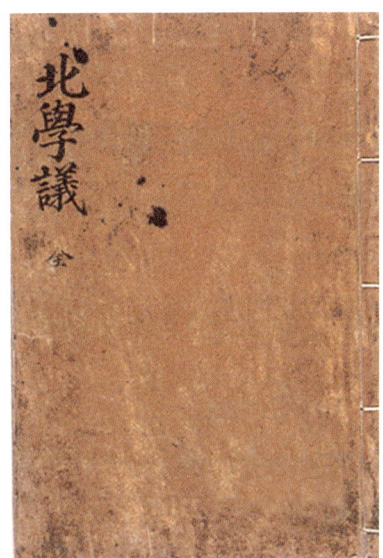

1790년 청나라 화가 나빙이 그린 박제가와 그의 대표작 『북학의』

가문의 영광으로 창창한 출세길을 보장받고도 아웃사이더를 택한 연암과는 정반대로 초정 박제가는 서얼 출신으로 과거 응시 자격조차 없었지만 정조가 세운 '왕실아카데미' 규장각의 검서관(오늘날의 사서)을 지냈다. 박제가는 중국어 공용어론을 주장할 정도로 급진적인 북학파였다. 연암은 자신보다 앞서 연행을 다녀온 박제가의 저작 『북학의』에 서문을 써 주었다.

앞으로 연암 박지원의 얼굴은 수도 없이 바뀔 것이다. 때론 감히 범접할 수 없는 중후한 사상가로, 때론 중원의 천지에 '은유의 그물망'을 던지는 멋진 수사학자로, 때론 찰리 채플린을 능가하는 유머와 역설의 달인으로. 이 '천의 얼굴'을 있는 그대로 음미할 수만 있다면, 누구든 그의 좋은 친구가 될 수 있으리라. 자, 그럼 다시 '여행 속으로'!

:: 검문

　정사正使와 부사副使의 행차가 성을 나가기를 잠시 기다렸다가 제일 뒤에서 말고삐를 잡고 천천히 길을 나섰다. 통군정統軍亭을 지나 구룡정九龍亭에 이르니 이곳이 바로 배가 떠나는 나루터다. 만윤(의주를 용만龍灣이라고도 하여 의주 부윤을 '만윤'으로 줄여 부르기도 함)은 벌써 장막을 치고 기다리고 있었다. 서장관書狀官이 꼭두새벽부터 미리 나가서 만윤과 함께 점검하는 것이 상례라 한다.
　바야흐로 사람과 말을 점검하기 시작한다. 사람은 성명, 거주지, 나이, 수염이나 흉터의 유무, 키의 장단을 적고, 말의 경우는 털 빛깔을 적는다. 깃대 셋을 세워서 문으로 삼고 그곳에서 소지품을 뒤지니, 금지품목이 황금, 진주, 인삼, 수달가죽과 한도를 넘는 은에서부터 자질구레한 것들에 이르기까지 수십 가지나 된다.
　하인들은 윗옷을 풀어 헤치기도 하고 바지가랑이도 더듬어 본다. 비장과 역관 들은 행장을 끌러 살펴본다. 이불보따리며 옷꾸러미가 강 언덕에 마구 풀어 헤쳐져 있고 가죽 상자와 종이곽이 풀밭에 어

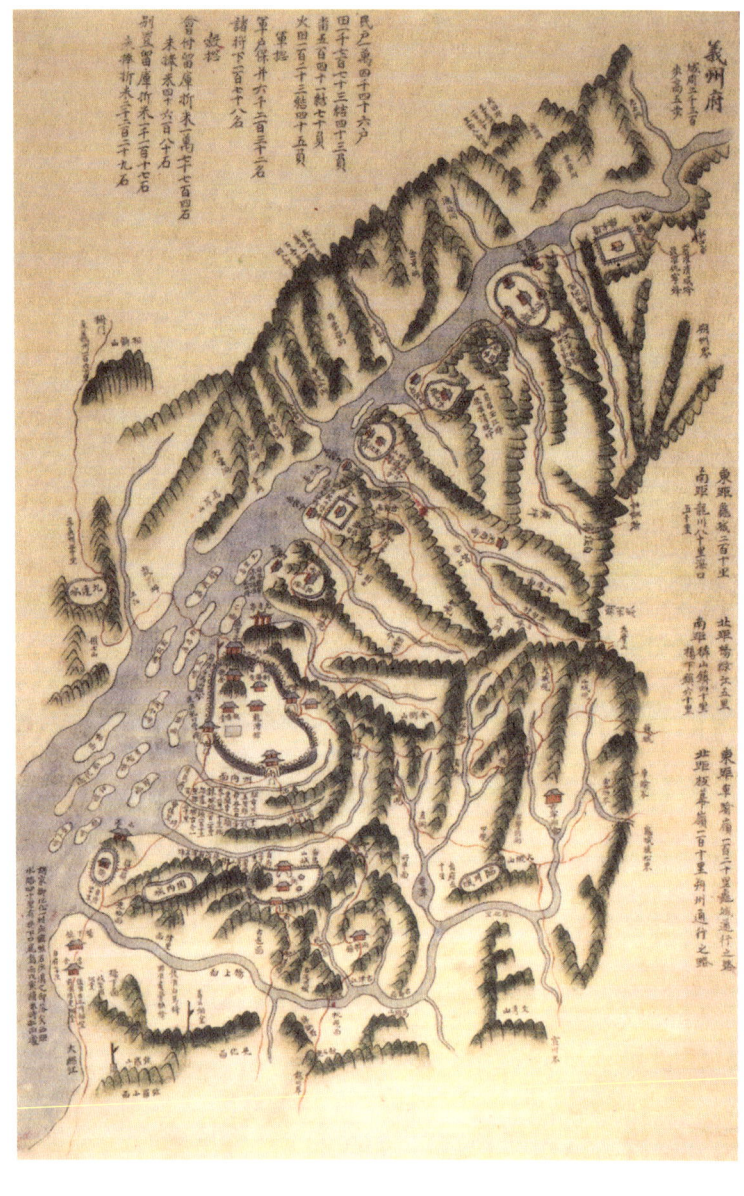

지러이 뒹군다. 사람들은 다투어 짐을 주워 담으면서도 흘깃흘깃 서로 곁눈질을 해댄다. 수색을 하지 않으면 나쁜 짓을 막을 수 없고 수색하자니 이렇듯 체면을 구기게 된다. 그러나 이것도 실은 형식에 불과하다. 용만의 장사치들은 수색 따위엔 아랑곳하지 않고 이미 강을 건넜을 터이다. 대체 누가 그들의 도강을 막을 수 있으랴. 만약 수색 중에 금물이 발견되면? 첫 번째 깃발에서 걸리면 큰 곤장으로 매질을 하고 물건은 몰수, 두 번째 깃발에서 걸리면 귀양, 마지막 깃발에서 걸리면 목을 벤다.

배는 다섯 척뿐이다. 한강의 나룻배와 비슷한데 규모가 조금 크다. 먼저 방물과 사람, 말 등을 건너가게 했다. 정사의 배에는 표자문表咨文(외교문서)과 수석 통역관을 비롯하여 그 아래 소속 상방의 하인들이 함께 탔다. 부사, 서장관 및 그 하인들이 또 한 배에 탔다.

이에 용만과 평양의 일행들이 모두 뱃머리에서 차례로 하직 인사를 올린다. 상방 마두의 고함소리가 채 끝나지도 않았는데 사공은 삿대를 들어 크게 한 번 저었다. 동시에 뱃노래가 일제히 터진다. 사공이 팔에 한껏 힘을 주니 배는 번개처럼 내달린다. 눈앞이 아찔하여

---

조선 시대 제작된 《여지도》의 일부로 '평안도 의주부'를 그린 것이다. '부(府)'는 조선의 행정구역 편제 중 하나로, 도(道)에 버금가는 상급 지방행정구획이었다. 중국과의 접경지대인 의주부를 책임지는 의주 부윤은 연행사의 편의와 도강을 책임지는 막중한 직위였다. 이 지도에서 붉은 깃발이 서 있는 곳이 통군정이고, 그 오른편 조금 위로 구룡정이 보인다. 구룡정에서 배를 타고 압록강을 건너서 책문에 이르는 길이 붉은 실선으로 표시되어 있다.

통군정 기둥과 난간 들이 팔방으로 빙빙 도는 것 같다. 나루터 쪽을 보니 전송차 모랫벌에 서 있는 이들이 팥알같이 아득하다.

:: 길은 '사이'에 있다

"자네, 길(道)을 아는가?"
내가 수석 통역관 홍명복 군에게 물었다.
"무슨 말씀이시온지?"
"길이란 알기 어려운 게 아닐세. 바로 저편 언덕에 있다네."
"'먼저 저 언덕에 오른다'는 『시경』의 구절을 말씀하시는 겁니까?"
"그런 말이 아니야. 이 강은 바로 저들과 나 사이에 경계를 만드는 곳일세. 언덕이 아니면 곧 물이란 말이지. 인간의 윤리와 만물의 법칙이 물가 언덕과 같은 법. 그러므로 길이란 다른 데서 찾을 게 아니라 바로 이 '사이'에 있는 것이네."
"무슨 뜻인지요?"
"인심人心은 위태롭고 도심道心은 은미한 법이지. 서양 사람들은 기하학의 한 획을 변증하면서 선 하나를 가지고 가르쳤다네. 그런데도 그 미세한 부분을 다 변증하지 못해 '빛이 있기도 하고 없기도 한 경계'라고 말했어. 이건 바로, 부처가 말한 '닿지도 떨어져 있지도 않는다'는 그 경지일세. 그러므로 이것과 저것, 그 '사이'에서 처신하는 것은 오직 길을 아는 이라야만 가능한 것이니, 옛날 정자산鄭子產(춘추시대 鄭나라 대부 公孫僑를 말함) 같은 사람이라야 될걸."

그 사이에 배는 벌써 언덕에 닿았다. 갈대가 하늘을 찌를 듯 빽빽이 솟아 있다. 말 위에서 칼을 뽑아 갈대 하나를 베어 보았다. 껍질이 단단하고 속이 두꺼워서 화살을 만들기는 곤란하고, 붓자루를 만들기에는 적당할 듯싶다. 순간, 휘리릭! 놀란 사슴 하나가 갈대를 뛰어넘어 간다. 마치 보리밭 위를 날아오르는 종달새처럼 날렵하다. 그 소리에 일행이 모두 깜짝 놀랐다.

길이란 강과 언덕 그 사이에 있다? 이게 연암이 여행을 시작하면서 처음으로 던진 화두다. 이름하여 '사이에서 사유하기'. 연암은 평소에도 이런 화법을 즐겨 쓰곤 했다. "얕지도 깊지도 않으며, 잔잔하지도 않고 거세지도 않은 물결"이라거나 "오른쪽도 아니고 왼쪽도 아닌" 공간, "옷과 살의 사이" 등이 그런 경우다.

이렇게 말하면, 대개 이 사이라는 의미를 이것과 저것의 중간 혹은 평균쯤으로 여기곤 한다. 하지만 그건 정말 착각이요 오해다. 그런 식

---

통군정은 관서 팔경의 하나로, 평안북도 의주군의 삼각산 위에 있는 누정(樓亭)이다. 압록강을 건너려면 반드시 의주를 거쳐야 하기 때문에 사신들은 한 번쯤 이 통군정에 올라 청나라 오랑캐 땅을 바라보며 비장한 심경에 잠겼을 것이다.

의 두루뭉술한 절충이야말로 연암이 아주 싫어하는 방식이다. 그것은 양쪽 어디에도 도움이 되지 않을 뿐 아니라, 무엇보다도 우리의 사유를 수동적으로 만들어 버리기 때문이다. 그런가 하면, 좀 아는 체하는 이들은 이 '사이'라는 걸 상대주의 정도로 이해한다. 절대적 척도를 부정하고 양쪽을 다 긍정하는 사유쯤으로 이해하는 것이다. 척도의 단일성을 부정하는 건 맞지만 그렇다고 양극단을 다 긍정해 버리면 죽도 밥도 아니게 된다. 그렇게 '양다리'를 걸쳐서는 아무것도 이루어지지 않는다. 그럼 대체 뭐냐고?

굳이 이름을 붙인다면, 이것과 저것, 두 양변을 고정시키는 의미망 자체를 의심하고 전복하는 사유라 할 수 있다. 즉, 양변에 끄달리지 않고 둘 다를 벗어나 제3의 새로운 의미를 생성하는 것이라고나 할까. 그것은 어떤 초월적 척도에 갇히지도 않지만, 그렇다고 상대주의의 나락에 떨어지지도 않는다. 그러기 위해서 진리란 매 순간 새롭게 구성되어야 한다. 삶이 끊임없이 변해 간다면 사유 역시 관계와 활동에 따라 계속 새롭게 변주되어야 할 터이므로.

이렇게 말하면 대개 손사레를 치면서 포기해 버리고 만다. 진리라든가 사유라는 걸 어떤 뚝 떨어진 명제 혹은 정답쯤으로 여기는 탓이다. 하지만 인생과 우주에는 모범답안이란 없다! 따라서 뭔가를 사유한다는 건 정답을 찾는 것이 아니라 계속 물음을 던지는 과정이어야 한다. 남이 던진 질문에 답을 찾느라 골몰하는 게 아니라, 내가 세상을 향해 질문을 던지는 것. 앎이란 그런 것이어야 하지 않을까?

그러니 '사이에서 사유하기'를 터득하려면 무엇보다 항상 어떤 질문 속에 있어야 한다. 걸으면서 질문하기!

 이제 연암은 생애 처음 압록강을 건너 중원을 향해 가는 중이다. 곧 그의 앞에는 광활한 천지가 펼쳐질 것이다. 그와 이 중원의 '사이에서' 대체 무슨 일이 일어날 것인가? 오직 모를 뿐! 오직 갈 뿐!

chapter 01

# 소경의 평등안

이용후생 그리고 정덕正德

:: 책문

　압록강을 건너 10리를 더 가 삼강三江에 이르렀다. 압록강과의 거리가 10리도 안 되는데 강물은 조금도 넘치지 않는다. 서로 발원지가 다르기 때문일 것이다. 배를 대는 곳이 몹시 질척거린다.
　"웨이!"
　내가 되놈 하나를 불렀다. 아까 시대時大(상방의 마두)한테 배운 말이다. 그자가 얼른 상앗대를 놓고 다가온다. 몸을 솟구쳐 녀석의 등에 업혔다. 놈이 히히거리고 웃는다. 나를 배에 들여놓더니 숨을 길게 내쉬면서 말한다.
　"으휴, 흑선풍(『수호지』에 나오는 이규의 별명) 어머니가 이렇게 무거웠다면 어찌 기풍령에 올랐을까요."
　주부 조명회趙明會가 큰 소리로 웃는다.
　"저 무식한 놈이 강혁은 모르고 흑선풍만 아는구먼."
　내가 말하자 조 군이 설명한다.
　"저자의 말에는 뼈가 있습니다. 이 말은 애초 이규의 어머니가 이렇게 무거웠다면 그의 괴력으로도 어머니를 등에 업은 채 높은 산을 넘지는 못했을 거라는 의미이고, 또 이규의 어머니가 호랑이에게 물려 갔는데 나리처럼 이렇게 살집이 좋은 분을 만일 저 주린 호랑이에게 주었다면 오죽 좋으랴. 뭐 이런 뜻이죠."

"아니 저런 놈들이 그렇게 문자속이 깊단 말이오?"

"하하, 그럴 리가요. 목불식정目不識丁은 바로 저런 놈을 두고 하는 말이지요. 그렇지만 패관기서稗官奇書를 노상 입에 달고 일상어로 쓰거든요. 그게 바로 관화官話(청나라 때 중국 관리들이 쓰던 표준말)랍니다."

여기서 바로 구련성九連城으로 향했다. 민가가 없어 노숙을 했다. 풀이 우거진 곳에 장막을 둘렀다. 맹수의 침입을 막기 위해 그물도 쳤다. 혼자 높은 언덕에 올라 사방을 바라본다. 산은 밝고 물은 맑다. 탁 트인 모양새에 나무는 하늘에 닿을 듯 높기만 하다. 그 사이로 은은히 큰 마을들이 있다. 개와 닭 소리가 들리는 듯하며, 땅이 기름져 개간하기도 좋다.

잠시 후 부사와 서장관이 차례로 도착했다. 해는 이미 뉘엿뉘엿 산허리에 걸렸다. 들판 30여 군데에 횃불을 놓아 먼동이 틀 때까지 환하게 밝힌다. 군뢰(군대에서 죄인을 다루던 병졸)가 나팔을 한 번 불면 300여 명이 일제히 소리를 맞추어 고함을 지른다. 호환을 막기 위해서라고 한다. 밤새도록 이런 고함 소리가 그치지 않았다.

다음 날(25일)에도 방물이 도착하지 않아 구련성에서 또 노숙을 했다. 그 다음 날 멀리 봉황산鳳凰山을 바라보며 120여 리를 가, 6월 27일 마침내 책문 밖에 이르렀다. 책문柵門, 조선과 중국 사이의 관문이다. 그렇다고 뭐 거창한 건 아니고, 그저 나무를 깎아 목책을 세워서 경계를 알리는 정도다. 막사를 설치한 후, 좀 쉬고 있자니 봉물이 도착했다.

　우리를 구경하는 되놈들이 책문 안에 죽 늘어서 있다. 하나같이 입에는 담뱃대를 물고 번쩍이는 까까머리에 부채를 흔들고 있다. 역관과 여러 마두들이 책문 밖에 다투어 서더니 악수를 하면서 반갑게 안부를 묻는다. '서울은 언제 떠났는가', '도중에 장마를 만나지는 않았는가', '식구들은 다 평안한가' 등등. 왁자지껄 저마다 떠들어 대는 소리가 하나같이 똑같은 말이다. 오가는 말 중에 '한 상공'이니 '안 상공'이니 하는 것들이 귀에 걸린다. 이들은 의주 상인들로 장사치들끼리 서로 띄워 주느라 상공이라 부르는 것이다. 북경 드나들기를 제집 문지방 드나들 듯하여 물건값을 올리고 낮추고 하는 건 몽땅 이자들의 농간이다. 온 나라가 이 속을 모르고 모두가 역관들의 소행인 줄로만 알고 있다. 실은 역관들도 자기들의 권리마저 의주 상인들에게 다 내어준 채 멀뚱히 구경만 할 뿐이다. 오늘도 이자들이 몸을 숨겨 얼굴을 내밀지 않은 걸 보니 필시 또 어디선가 무슨 농간을 부리고 있음에 틀림없다.

중국 고대 순임금 시절, 이 산에 봉황이 나타날 때마다 성군이 탄생했다 하여 '봉황산'이란 이름을 얻었다고 한다. 이 봉황산(위)에 있는 산성이 '봉황성'(아래)이다. 연암은 책문에 들어선 뒤 숙소에서 점심을 먹고 정 진사와 봉황산 구경에 나섰다. 대개 봉황산을 양만춘 장군이 당나라 대군과 전투를 치른 '안시성'이라고 하나, 연암은 성의 규모로 보아 '고구려의 작은 보루'일 것으로 추정했다.

:: 여래와 소경

    책문 밖에서 다시 안쪽을 바라보았다. 여염집들은 모두 오량집(전통 가옥에서 경사진 지붕을 만들려면 최소한 3개의 도리가 걸려야 하는데, 도리가 5개 있다면 보통 살림집 치고는 규모가 큰 편)처럼 높다. 띠풀로 이엉을 했다. 등마루는 훤칠하고 대문은 가지런히 정돈되어 있다. 거리는 평평하고 곧아서 양쪽 길가로 먹줄을 친 듯하다. 담은 모두 벽돌로 쌓았다. 사람용 수레와 화물용 수레 들이 길을 마구 지난다. 벌여 놓은 그릇들은 모두 그림을 그린 도자기다. 그 모양새가 어디로 보나 시골 티라곤 조금도 없다. 예전에 나의 벗 홍대용에게 중국 문물의 규모와 수법들을 들은 적이 있었다. 중국의 동쪽 끝 촌구석도 이 정도인데, 도회지는 대체 어느 정도일까 생각하니 기가 꽉 죽는다. 돌아가고 싶은 마음이 굴뚝같아지면서 나도 모르게 등줄기가 후끈거린다. 순간 나는 통렬히 반성한다.

    '이것도 남을 시기하는 마음이지. 난 본래 천성이 담박해서 남을 부러워하거나 시기하는 마음이 조금도 없었다. 이제 고작 다른 나라에 한 발을 들여놓았을 뿐, 아직 이 나라의 만분의 일도 못 보았는데 벌써 이런 그릇된 마음이 일다니. 이는 대체 무슨 까닭인가? 아마도 내 견문이 좁은 탓일 게야. 만일 부처님의 밝은 눈으로 시방세계十方世界를 두루 살핀다면 무엇이든 다 평등해 보일 테지. 모든 게 평등하면 시기와 부러움이란 절로 없어질 테고.'

장복을 돌아보며 말했다.

"네가 만일 중국에서 태어났다면 어떻겠느냐?"

"중국은 되놈이잖아요. 소인은 싫습니다요."

"맙소사!"

때마침 소경 하나가 지나간다. 어깨에는 비단 주머니를 둘러메고 손으로는 월금月琴을 뜯는다. 순간, 크게 깨달았다.

'저야말로 진정 평등안平等眼을 가진 이가 아니겠는가.'

:: 득룡이

　잠시 후, 책문이 활짝 열리자, 문짝이 미어터지도록 되놈들이 몰려 나온다. 그러고는 다투어 방물과 개인 사물의 무게를 가늠하기 시작한다. 예서부터는 되놈들의 수레를 빌려 짐을 운반하기 때문이다. 그 와중에 갑자기 시냇가에서 와자하게 다투는 소리가 난다. 급히 달려가 봤더니, 되놈들이 우리 사행단이 청국 관원들에게 선사할 예단을 보고는 많다는 둥 적다는 둥 시끄럽게 떠들어 댄다. 이런 일에 대한 처리는 전적으로 상판사의 마두에게 달려 있다. 만일 그가 풋내기라든지 중국말이 시원찮다든지 하면, 달라는 대로 줄 수밖에 없다. 그리고 한번 이렇게 하면 내년에는 전례가 된다. 그러니 반드시 '죽기살기로' 다투어야만 한다. 사신들은 이런 사리를 모르고 그저 책문에 들어가기에만 급급해서 역관을 마구 재촉해 댄다. 그러면 역관은 또 마두를 재촉하게 되고, 그러다 보니 그 폐단의 유래가 오래되었다.
　상삼이 막 예단을 나눠 주려 하자, 되놈 100여 명이 빙 둘러선다. 되놈들 중 하나가 갑자기 커다란 소리로 상삼에게 욕을 퍼부어 댄다.

예단을 좀 더 뜯어내려는 수작이다. 순간, 득룡(상판사 마두. 상판사는 사신단의 잡무 처리자에게 주어지는 임시 벼슬)이 수염을 꼿꼿이 세우고 눈을 부라리면서 곧장 앞으로 내달린다. 순식간에 녀석의 가슴을 움켜잡고는 주먹을 휘둘러 팰 것 같은 기세로 되놈들을 둘러보며 큰소리를 친다.

"뻔뻔하고 무례한 놈 같으니. 지난 해에는 대담하게도 이 어르신네 쥐털 목도리를 훔쳐 갔지. 또 그 작년엔 이 어르신께서 주무시는 틈을 타서 내 허리에 찼던 칼을 뽑아 칼집에 달린 술을 끊어 갔었고. 게다가 내가 차고 있던 주머니를 훔치려다가 들켰었잖아. 다른 어른한테 보내서 오지게 얻어터지고 얼굴이 알려지게 된, 바로 그놈 아냐. 그때

조선 시대에 중국과 우리나라의 경계를 긋는 목책성은 발해만에서 시작해 북방 내륙으로 2천여 리나 뻗어 있었다. 책문이라 부른 것은 주로 조선 사람들이고, 이곳 가람들은 '가자문(架子門)', 관내 사람들은 '변문(邊門)'이라는 이름으로 불렀다고 한다. 책문이 있던 지금의 랴오닝 성의 한 마을에는 '변문진(邊門鎭)'이란 표석이 있다. 이 뜻을 풀면 '변문 마을'이 되니, 곧 책문의 흔적을 알려 주는 표석인 셈이다.

애걸복걸 싹싹 빌면서 나더러 목숨을 살려 주신 부모 같은 은인이니 뭐니 하더니만. 오랜만에 와서 이 어르신께서 네 놈의 상판을 몰라보실 줄 알았냐? 대담하게도 이 따위로 큰소리를 지르고 떠들다니. 요런 쥐새끼 같은 놈은 대가리를 휘어잡아서 봉성장군(봉황성을 다스리는 장군)께 끌고 가야 돼."

그러자, 여러 되놈이 갑자기 기가 팍 꺾인다. 그 가운데 수염이 멋들어지고 옷차림이 말쑥한 되놈 하나가 득룡의 허리를 덥석 껴안으며 샐샐거린다.

"형님, 화 푸세요."

득룡이 돌아보곤 빙그레 웃으며 말했다.

"내, 만일 동생의 안면만 아니었다면 이 자식 상판을 한 방 갈겨서 저 봉황산 밖으로 던져 버렸을 거야."

내가 옆에 있던 조달동에게 말했다.

"혼자 보기 아까운 광경이군."

"살위봉법殺威棒法(중국 무술 십팔기의 하나. 도둑의 덜미를 잡아채어 기선을 제압하는 기술)이지요."

조 군이 득룡을 재촉한다.

"사또께서 이제 곧 책문으로 들어가실 거야. 서둘러 예단을 나눠 주어라."

득룡이 연방 "예이, 예이." 하며 짐짓 바쁜 척한다. 그러자 뭇 되놈은 찍소리 없이 주는 대로 받아서 가 버린다. 조 군이 감탄해 마지않는다.

"역시 득룡이 수완이 기가 막힌데요. 애시당초 털목도리나 칼주머니를 잃어버린 일 따윈 있지도 않았어요. 공연히 트집을 잡아서 무리 중 한 놈을 작살내 버리는 거지요. 그러면 나머지 녀석들은 절로 기가 팍 꺾여서 그냥 물러서거든요. 저렇게 안 했더라면 사흘이 가도 책문 안으로 절대 못들어갔을 겝니다."

득룡은 가산嘉山 출신이다. 열네 살부터 북경에 드나들기 시작해서 이번이 자그마치 서른 번째라고 한다. 중국말은 물론 현지 사정에 빠삭하여 크건 작건 간에 우리 일행의 일은 모두 득룡이 아니면 감당할 인물이 없다. 사행이 있을 때마다 미리 가산으로 공문을 보내 그의 식구들을 감금토록 한다. 그가 중국으로 도주하는 것을 막기 위해 인질로 잡아 두는 것이다. 이것만 봐도 가히 그의 재간을 짐작할 만하다.

일단 이 문을 들어서면 중국 땅이다. 이제 고국의 소식은 끊어지고 만다. 서글프게 동쪽 하늘을 바라보다가, 한참 뒤 몸을 돌려 천천히 책문 안으로 걸어 들어갔다.

∷ 정덕正德을 환기하라!

책문 안의 인가는 이삼십 호밖에 안 되지만 모두 웅장하고 깊으면서도 툭 트였다. 짙은 버드나무 그늘 속에서 술집을 알리는 푸른 깃발 하나가 공중에 솟아 있다. 나는 어의 변계함 군과 함께 얼른 그리로 들어갔다. 주막 안은 이미 조선 사람들로 만원이다. 조선 사람들은 맨종아리에 민머리 차림으로 걸상에 걸터앉아 제멋대로 떠들다가 우리를 보더니 후다닥 밖으로 나가 버린다. 그러자 주인이 변 군에게 삿대질을 하면서 버럭 화를 낸다.

"눈치 없는 벼슬아치 같으니라고. 왜 갑자기 들어와서 남의 영업을 방해하는 거야?"

대종(변계함의 마부)이 주인의 등을 두드린다.

"형님, 잔소리할 것 없수. 이 두 어르신께서는 대충 한두 잔만 드시고 얼른 나가실 거유. 저 망나니들이 이 어르신들 앞에서 어찌 편하게 걸터앉아 있을 수 있겠소? 잠시 피한 것뿐이니, 금세 돌아올 거유. 이미 먹은 건 술값을 치를 것이고, 아직 덜 먹었으면 흉금을 터놓고 즐거이 마실 터이니, 형님은 걱정 마시고 우선 넉 냥 술이나 부으시오."

주인은 그제야 얼굴에 웃음을 띤다.

"동생, 작년에도 보지 않았나. 이 망나니들이 야료를 부리는 사이에 모두 처먹기만 하고 뿔뿔이 연기처럼 사라져 버린 걸. 그러니 술값을 당최 어디 가서 받을 수 있었겠나."

"형님, 염려 마시오. 이 어른들이 한잔 하시고 일어나면, 이 동생이 그치들을 이리로 다 몰고오겠수다."

"올커니! 헌데, 두 분이 합쳐서 넉 냥으로 하실까, 아니면 각기 넉 냥으로 하실까?"

"따로따로 넉 냥씩 따라 주쇼."

옆에 있던 변 군이 대종에게 야단을 치며 말했다.

"아니, 넉 냥 술을 누가 다 마시나?"

그러자 대종이 웃으면서 설명한다.

"넉 냥이란 돈을 말하는 게 아니라, 술 무게를 말하는 겁니다. 하하."

탁자 위에 벌여 놓은 술잔은 한 냥부터 열 냥까지 각각 그 그릇이 다르다. 모두 놋쇠와 주석으로 만들고 은처럼 빛을 냈다. 넉 냥 술을 청하면 넉 냥들이 잔으로 부어 준다. 술을 사는 사람은 양이 많고 적음을 헤아릴 필요가 없다. 참으로 간편하다. 술은 모두 백소주다. 맛은 그리 좋지 못하다. 취하자마자 금방 깬다.

주변의 진열 상태를 둘러보니 모든 것이 단정하게 정리되어 있다. 한 가지도 구차스럽게 대충 해놓은 법이 없고, 물건 하나도 너저분하게 늘어놓은 것이 없다. 심지어 소외양간이나 돼지우리까지 모두 법도 있게 깔끔하다. 땔감 쌓아 놓은 것이나 두엄더미까지도 그림처럼 곱다. 아! 이렇게 한 뒤에야 비로소 이용利用이라 말할 수 있으리라. '이용'이 있은 뒤에야 후생厚生이 될 것이요, 후생이 된 뒤에야 정덕正德을 이룰 수 있을 것이다. 그 '쓰임을 이롭게(이용)' 할 수 없는데도 '삶을 도탑게(후생)' 할 수 있는 건 세상에 드물다. 그리고 생활이 넉넉지 못하면 어찌 '덕을 바르게(정덕)' 할 수 있겠는가.

이용과 후생 그리고 정덕, 이 '트라이어드triad'가 바로 연암 문명론의 핵심이다. 연암은 이후 청나라 문명의 정수를 접할 때마다 이 명제를 강조해 마지않았다. 물론 이것은 연암이 새로 창안한 개념이 아니다. 선진고경先秦古經의 하나인 『서경書經』의 '대우모大禹謨'에서 유래한 구절이다. 말하자면, 이것은 저 아득한 고대로부터 동아시아 문명의 근간을 떠받쳐 온 보편적 명제였던 것. 연암은 이 오래된 명제를 되살려 거기에 피와 살을 입혔을 뿐이다.

이용후생에 대한 연암의 집념과 열정은 실로 대단하다. 여행 내내 그의 시선은 '쓰임을 이롭게 함으로써 삶을 도탑게 하는' 문명의 핵심을 놓치지 않는다. 그리고 단순한 예찬이나 선망에서 그치지 않고 그 원리와 이치를 세밀하게 간파해 낸다. 그중 몇 가지만 음미해 보자.

기와를 이는 법은 더더욱 본받을 만하다. 모양은 완전히 동그란 대나무 통을 네 쪽으로 쪼개 놓은 것과 같다. 그 크기는 두 손바닥만 하다. 일반 민가에서는 원앙와鴛鴦瓦(암키와와 수키와를 짝지워 쓰는 것)를 쓰지 않는다. 서까래 위에는 산자널을 엮지 않고 돗자리를 여러 겹 펼쳐 놓기만 한다. 그런 뒤에 바로 기와를 덮을 뿐 진흙을 깔지 않는다. 기와 한 장은 엎어 놓고 한 장은 젖혀 놓아 서로 암수가 되도록 맞춘다. 기와와 기와의 틈에는 석회를 발라서 모든 기와골의 층을 메운다. 쥐나 새가 뚫는 일도 없고, 위는 무거운데 아래는 텅 비는 문제점도 해결된다.

우리나라의 기와 이는 법은 이들과는 완전히 다르다. 지붕에는 진흙을 두툼하게 펴 놓기 때문에 위가 무거워진다. 담벽은 벽돌로 쌓지 않기 때문에 네 기둥은 의지할 데가 없어서 아래는 텅 비게 된다. 기왓장은 너무 커서 지나치게 휘어지고, 휘어지기 때문에 빈 공간이 저절로 많아진다. 그러니 진흙으로 매우지 않을 수 없게 되고, 진흙이 무겁게 내리누르니 기둥이 휘어지는 문제점이 발생한다. 진흙이 마르면 기와 밑이 저절로 떠서 기와 비늘의 층이 뒤로 물러나면서 틈새가 생긴다. 결국 바람이 들어오고 비가 샌다. 참새가 구멍을 뚫고 쥐가 숨어 살게 되며, 뱀이 똬리를 틀고 고양이가 헤집고 다니는 근심을 어쩌지 못하게 된다.

집을 짓는 데 가장 공이 큰 것은 아마도 벽돌일 것이다. 높은 담을 쌓을 때뿐만 아니라 집 안팎에서 벽돌을 사용하지 않는 곳이 없다.

넓은 뜨락도 눈 가는 곳마다 바둑판처럼 반듯반듯하다.

―「도강록渡江錄」 6월 28일

예전에 담헌湛軒 홍덕보洪德保(덕보는 홍대용의 자), 성재聖載 이광려李匡呂 등과 더불어 수레 만드는 법에 대해 이야기한 적이 있다.

"수레를 만들 때는 무엇보다도 궤도를 똑같이 해야 한다. 이른바 궤도를 똑같이 한다는 것은 무슨 말인가? 굴대의 거리는 양쪽 바퀴 사이를 말한다. 이 양쪽 바퀴 사이에 정해진 거리만 어기지 않으면, 수레 만 대가 지나가도 그 바큇자국은 하나로 이어질 것이다. '수레의 궤도를 똑같이 한다(거동궤車同軌)'란 말이 바로 이것이다. 만일 양쪽 바퀴 사이를 제멋대로 넓히거나 좁힌다면 길에 난 바큇자국이 어찌 한 궤도를 그릴 수 있겠는가."

지금까지 천 리 길을 오면서 날마다 수없이 많은 수레를 보았지만, 앞 수레와 뒤 수레는 언제나 같은 바큇자국만을 따라간다. 그러므로 애쓰지 않고도 똑같아지는 것을 '일철一轍'이라 말하고, 뒷사람이 앞사람을 그대로 따르는 것을 '전철前轍'이라 한다. 성 문턱에 수레바퀴 자국이 움푹 패어 홈통을 이루니, 이른바 '성문지궤城門之軌'가 바로 이것이다.

우리나라에도 수레가 없었던 적은 없다. 그러나 바퀴가 완전히 둥글지 않고 바큇자국이 한 궤도를 그리지 못하니, 수레가 없는 것이나 마찬가지이다. 그런데도 사람들은 늘 "우리나라는 마을이 험준하여 수레를 쓸 수 없다."고 말하곤 한다. 이게 대체 무슨 말인가. 나라에서 수레를 사용하지 않으니까 길이 닦이지 않았을 뿐이다. 수레가 다니게 되면 길이야 저절로 닦일 터, 어찌하여 길거리의 좁음과 산길의 험준함만 걱정하는가.

중국의 풍족한 재화가 한 곳에만 몰려 있지 않고 여기저기 고루 유통되는 것은 모두 수레를 이용한 덕분이다. 그러나 우리나라 영남의 어린 아이들은 새우젓을 모르고, 관동의 백성들은 장 대신 아가위(산사나무 열매)를 절여 먹고, 서북 사람들은 감과 감자를 구별하지 못한다. 바닷가 사람들은 메기나 미꾸라지를 밭에 거름으로 내건만, 어쩌다 한번 이것이 서울까지 올라오면 한 움큼에 한 푼이나 하니 어찌 이리도 귀하단 말인가?

사방이 수천 리밖에 되지 않는 나라에서 백성들의 살림살이가 이토록 가난한 까닭은, 한마디로 말해 나라 안에 수레가 다니지 못하기 때문이다. "어찌하여 수레가 다니지 못하는가?"라고 묻는다면, 역시 양반들 잘못이라고 답할 수밖에 없다.

— 「일신수필馹汛隨筆」 7월 15일

어떤가? 이 정도면 연암의 '이용후생'이 결코 공허한 명분론이 아님을 충분히 실감할 수 있을 것이다. 보다시피 어떤 전문가보다도 구체적이고 세밀하다. 더 놀라운 건 그 기술들이 어떻게 사람살이와 연결되는지를 정확하게 꿰고 있다는 점이다. 그것은 이 기술들이 지향

해야 할 바, 곧 '정덕'의 원리를 놓치지 않았기에 가능한 일이다. 그런 점에서 이용후생과 정덕은 병렬의 사항이 아니라 서로가 서로를 긴밀하게 규정하는 공존의 관계인 셈이다. 요컨대, 정덕이라는 비전이 있었기에 이용과 후생의 정밀함이 가능했던 것이다.

하지만, 20세기 들어 실학 담론에서 '정덕'이라는 항목은 홀연 실종되고 말았다. 연암은 이용후생학파로 규정되었고, 이용후생은 곧바로 부국강병의 논리로 변주되었다. 이용후생만 이루면 정덕은 절로 이룰 수 있으리라고 여긴 것일까? 아니면, 서구열강의 도래 앞에서 '이용후생' 말고는 눈에 뵈는 것이 없었던 탓일까? 아무튼 우리는 마침내 '삶을 도탑게' 하는 데 성공하였다! 전세계 국가 중에서 GDP(국내총생산) 순위 10위 안에 들고, 인터넷 최강국이 되었으며, 집값과 물가 수준은 이미 미국이나 유럽을 훨씬 능가하게 되었다. 자, 이쯤 되면, 그간 완전 망각하고 있던 '정덕'을 되새길 때도 되지 않았을까? 웬걸, 그렇기는커녕 아직도 오직 '이용후생'을 외쳐 댄다. 정부는 '경제강국'을 위하여, 국민들은 '대박성공'을 향하여 일로매진할 따름이다. 만일 연암으로 하여금 우리 시대를 통찰하게 한다면, 분명 이렇게 탄식할 것이다. "정덕을 빼놓고 '이용후생'에만 골몰하더니 결국 '이판사판'의 덫에 걸려들고 말았군."

덕이란 말이 고리타분하게 느껴진다면, '삶의 지혜'라 해도 좋고, '원대한 비전'이라 해도 좋다. 사리사욕의 지평을 벗어나 삶을 충만하게 해주는 능동적 가치들, 그것이 곧 덕이다. 그것은 결코 돈이나 기술 같은 물질적 증식을 통해 얻어지는 것이 아니다. 오히려 그 차원을 넘어서 존재와 세계, 인생과 자연이 깊이 감응할 수 있을 때 비로소 가능한 것이다. 통치자에게 반드시 덕이 필요한 이유도 여기에 있다. 그러니, 앞으로 이용후생을 논하는 자, 부디 정덕을 망각하지 말기를!

::  잠꼬대

　6월 28일, 점심 식사를 마치고 나는 변계함, 정 진사 등과 함께 먼저 출발했다. 한낮이 되자 불볕이 내리쬔다. 정 진사와 함께 앞서거니 뒤서거니 하다가 정 진사에게 물었다.
　"그 성 쌓은 방식이 어떻던가?"
　"벽돌이 돌만은 못하겠지요."
　"그건 자네가 몰라서 하는 말일세. 우리나라는 성을 쌓을 때 벽돌을 쓰지 않고 돌을 쓰는데, 이건 좋은 방책이 아니야. 벽돌이란 틀로 찍어 내기만 하면 똑같은 모양의 벽돌을 얼마든지 뽑아 낼 수 있으니까, 깎고 다듬는 공력을 과외로 허비하지 않을 거야. 가마 하나만 불을 때면 만 개의 벽돌을 한자리에서 얻을 수 있으니, 일부러 사람을 모아서 나르는 노고도 없을 테고. 모든 벽돌이 고르고 반듯하여 힘을 적게 들이고도 결과는 배나 많이 얻게 되지. 나르기 가볍고 쌓기 쉬운 것으로 치자면 벽돌만 한 게 없네.
　돌은 어떤가. 산에서 쪼개는 것부터 수레로 운반하고 다듬는 것,

또 쌓아 올리는 것까지 일손과 시간이 엄청 소모되잖은가. 또 겉으로 보기에는 모양이 나고 정돈된 것 같지만 속은 정말 제멋대로지. 돌이란 게 본시 들쭉날쭉 고르지 못하니 작은 돌로 큰 돌의 궁둥이와 발등을 받쳐야 한다네. 또 언덕과 성 사이에는 자갈에 진흙을 섞어서 채우기 때문에 장마가 한번 지나가면 진흙이 다 쓸려 가서 속이 텅 비고 배가 불러지고 말지. 그런 지경에서 돌 한 개라도 빠지는 날이면 한꺼번에 와르르 무너지고 말걸. 불 보듯 뻔한 일 아닌가.

또 석회의 성질이 벽돌에는 잘 붙지만 돌에는 붙지 않는단 말이야. 벽돌 한 장의 단단함이야 돌만은 못하지만, 돌 한 개의 단단함이 벽돌 만 개의 단단함에는 못 당하지. 이만하면 벽돌과 돌 중 어느 편이 더 이롭고 편리한지 알 만하지 않은가."

한참 열을 올리고 있는데, 정 진사는 한껏 몸이 꼬부라져서 말 등에서 떨어지기 직전이다. 잠든 지 오래된 모양이다. 내가 부채로 그의 옆구리를 꾹 찌르며 큰 소리로 야단을 쳤다.

"어른이 말씀하시는데 잠만 자고 있다니. 예끼 이 사람아!"

정 진사가 화들짝 깨어나 멋쩍은 듯 웃으며 말한다.

"무슨 말씀을요! 죄다 들었죠. 벽돌은 돌만 못하고, 돌은 잠만 못하다는 거 아닙니까?"

나는 화가 나서 때리는 시늉을 하고는 같이 한바탕 크게 웃었다.

이게 바로 '정진사의 잠꼬대'다. 『열하일기』를 장식하는 유명한 에

피소드 가운데 하나다. 정 진사는 여행 내내 연암의 단짝이었다. 양반 출신이니 그래도 문자속이 있으리라 여겨, 연암은 가는 곳마다 여행의 감동과 충격을 그에게 토로하곤 했다. 그런데 돌아오는 답이란 게 고작 저런 수준이다. 장복이와 창대야 일자무식에 '썰렁대왕'이라 그렇다 치고, 정 진사는 명색 식자층인데도 저 지경이다. 지적인 명민함은 고사하고 호기심이나 관찰력마저 완전 '꽝'인 친구다.

거기다 얼굴은 어찌나 두꺼운지 도처에서 해프닝을 벌이곤 했다. '초란공炒卵公'이란 별명만 해도 그렇다. 그는 중국어가 서툰 데다 이빨이 성기어서 달걀볶음(초란)을 즐겨 먹었다. 책문에 들어온 뒤에도 늘상 내뱉는 중국어라곤 다만 '초란'뿐인데, 그마저도 발음이 샐까, 듣는 사람이 못 알아들을까 걱정이 태산이었다. 그래서 가는 곳마다 중국인을 만나면 무조건 '초란' 하고 불러서 그 혀끝이 돌아가는지를 가늠해 보곤 했다. 그래서 사람들이 모두 초란공이라고 부르게 된 것이다.

또 한번은 이런 일도 있었다. 신광녕新廣寧을 떠날 때였다.

> 새벽에 길을 떠나면서 보니, 지는 달이 벌판 위 몇 자 안 되는 곳에 걸려 있었다. 둥그런 모양에 푸르고 맑은 기운이 감돌아 아름답기 그지없었다. 계수나무 그림자가 짙게 드리워져 있고, 옥토끼와 은두꺼비는 마치 손으로 어루만져질 듯하였다. 항아(중국 고사에 나오는 달 속에 사는 선녀)의 고운 비단 옷자락엔 살포시 흰 살결이 내비치는 듯했다. 연암은 정 진사를 돌아보며 말했다.

"참 이상도 하이. 오늘은 해가 서쪽에서 뜨네그려."

정 진사는 처음엔 달인 줄도 모르고 나오는 대로 응수한다.

"늘 이른 새벽에 떠나다 보니 동서남북을 분간하기가 정말 어렵네요."

일행이 모두들 크게 웃음을 터뜨렸다. 조금 뒤 달이 기울어 완전히 땅 끝으로 떨어지자 정 진사도 크게 웃음을 터뜨렸다. 놀림을 당했다는 걸 그제야 알아차린 것이다.

대강 이런 수준이다. 그러고 보니 연암은 참 운도 없지 싶다. 생애 처음, 장쾌한 여행을 나섰는데 주변에 온통 썰렁한 친구들만 있으니 말이다. 하지만 뭐 어쩌겠는가. 그나마 이들이라도 있었기에 망정이지, 아니었으면 연암은 날마다 산이나 강물에다 대고 독백을 했을 것이다. 사실 연암이 이렇게 쉬지 않고 떠들어 대는 건 듣는 이들을 위해서라기보다 자기 자신을 위해서다. 말을 하다 보면 종횡무진 떠오르는 생각들을 멋지게 정리할 수 있기 때문이다.

공부란 본디 이런 것이다. 공부를 책상에서만 한다고 여기는 것만큼 어리석은 일도 없다. 책이란 무엇인가. 천지만물의 오묘한 이치를 글로 풀어낸 것이 아니던가. 그렇다면 천지만물이 다 공부의 재료라는 뜻이다. 더구나 연암은 지금 청나라 문명의 한가운데를 통과하는 중이다. 그러니 연암에겐 마주치는 모든 것이 호기심과 탐구의 대상이 된다. 그리고 일단 그의 레이더망에 걸려들면 무엇이건 최고의 지식으로 변환된다.

∷ '청 문명의 장관은 기와 조각과 똥부스러기에 있다'

그 결정판이 바로 「일신수필馹迅隨筆」이다. '일신수필'이란 달리는 말 위에서 휙휙 지나가는 상념들을 적었다는 뜻이다. 먼 길을 정신없이 달리는 와중에도 그의 사유는 멈추지 않았다. 뿐만 아니라, 그는 그 상념들을 토대로 아주 탁월한 문명론을 구축해 냈다. 연암의 도도한 논리를 한번 감상해 보시라.

우리나라 선비들이 북경에서 돌아온 사람을 처음 만나면 반드시 물어보는 말이 있다.
"자네, 이번 여행에서 제일 장관이 뭐였는가? 하나만 꼭 집어 말해 주게나."
그러면 사람들은 입에서 나오는 대로 대답해 버린다.
"요동 천리의 넓은 들판이 장관이야."
"옛날 요동의 백탑白塔이 장관이더군."
"큰길가의 저자와 점포가 장관이지."

"계문薊門의 안개 낀 숲이 장관이지."

"노구교蘆溝橋가 장관이야."

"산해관山海關이 장관이지."

"각산사角山寺가 장관이지."

"망해정望海亭이 장관이지."

"조가패루祖家牌樓가 장관이지."

"유리창琉璃廠이 장관이야."

"통주通州의 주즙舟楫(배와 삿대란 뜻으로 배 전체를 이름)들이 장관이지."

"금주위錦州衛의 목장이 장관이야."

"서산西山의 누대가 장관이지."

"사천주당四天主堂이 장관이야."

"호권虎圈이 장관이야."

"상방象房이 장관이지."

"남해자南海子가 장관이지."

"동악묘東岳廟가 장관이지."

"북진묘北鎭廟가 장관이지."

그 대답이 분분하여 이루 헤아릴 수가 없다. 그러나 소위 일류 선비(上士)는 정색하여 얼굴빛을 고치며 이렇게 대답한다.

"도무지 볼 것이라고는 없습디다."

"어째서 볼 것이 없던가요?"

"황제가 머리를 깎았고, 장상과 대신 등 모든 관원들이 머리를 깎

앉으며, 선비와 서민 들까지도 모두 머리를 깎았더군요. 공덕이 은나라·주나라와 대등하고, 부강함이 진나라·한나라보다 낫다 치더라도 백성이 생겨난 이래 아직껏 머리 깎은 천자는 없었습니다. 아무리 드높은 학문을 이루었다 하더라도 일단 머리를 깎았다면 곧 오랑캐요, 오랑캐는 개돼지나 마찬가집니다. 개돼지에게서 뭐 볼 게 있겠습니까?"

연암에 따르면, 이는 최고의 의리를 아는 자의 말이다. 이 말을 들으면 이야기하는 사람도 잠잠해지고, 사방에 앉아 있던 사람들도 숙연해진다. 조선의 정통 이념인 소중화 사상을 강변하고 있으니 그렇지 않겠는가. 어느 시대건 공인된 이념이란 사람들을 경직시키는 법이다. 국가의 권위, 권력의 위엄이 모두의 동의를 강요하기 때문이다. 그러니 숙연해진다는 건 사실 달리 말하면 분위기가 냉각된다는 뜻이기도 하다. 이런 분위기에선 누구도 자기의 속내를 말하려 들지 않는다. 동의하거나 침묵하거나. 그 이상의 소통은 불가능하다. 하지만 연암은 그들의 오만과 편견을 대놓고 비난하지 않는다. 다만, 그들의 사고가 지닌 경직성을 있는 그대로 보여 줄 따름이다.

그 다음, 소위 이류 선비(中士)는 이렇게 말한다.

"성곽은 만리장성이고, 궁실은 아방궁을 흉내 냈을 뿐입니다. 선비와 서민 들은 위나라와 진나라 때처럼 겉만 화려한 기풍을 좇고, 풍속은 수 양제와 당 현종 때처럼 사치스러움에 빠져 있더군요. 중국이 멸망하자 산천은 누린내 나는 고장으로 변했고, 성인들의 업적이 사라지자 언어조차 오랑캐들의 말로 바뀌어 버렸지요. 그러니 무슨 볼만한 게 있겠습니까? 진실로 십만 대군을 얻어 산해관으로 쳐들어가서, 중원을 소탕한 뒤에라야 장관을 이야기할 수 있을 겁니다."

연암에 따르면, 이는 『춘추春秋』를 제대로 읽은 사람의 말이다. 『춘추』는 중화를 높이고 오랑캐를 물리치기 위한 책이다. 다시 말해, 이들은 '북벌론'을 충실하게 대변하고 있는 셈이다. 조선은 명나라를 섬긴 지 200년 동안 한결같이 충성을 다해 왔다. 임진왜란 때 신종황제가 명나라의 군사를 보내 조선을 구원하니, 조선 사람들은 "정수리부터 발꿈치까지 그리고 터럭 한 올까지 은혜를 입지 않은 바가 없었다."

어디 그뿐인가. 병자년에 청나라의 군대가 쳐들어왔을 때도 명의 의열황제는 조선에 구원병을 파견하기 위해 최선을 다하였다. 이때 천자는 안으로 복주·초주·양주·당주의 난리를 진압하지 못한 상황이었다. 그런데도 조선을 불에 타고 물에 빠질 위기에서 구해 주려는 마음이 형제의 나라보다 더 간절했다. 하지만 마침내 명나라조차 망하고 온 세상 사람들은 머리를 깎고 모두 오랑캐가 되었다. 저 한 귀퉁이의 우리나라만이 이런 수치를 면했으나 중국을 위하여 원수를 갚고 치욕을 씻으려는 마음이야 어찌 하루라도 잊은 적이 있겠는가. 우리나라 사대부들 중 중화를 높이고 오랑캐를 물리치려는 『춘추』의 절의를 간직한 이들이 우뚝 서서 백년을 하루같이 그 뜻을 이어 왔으니 대단한 일이라 할 수 있겠다.

그럼에도 불구하고 연암이 생각하기엔 이 또한 허망하기 그지없는 논법이다. 한번 곰곰이 따져 보자.

중국의 성곽과 궁실과 인민이 예전처럼 그대로 남아 있고, 정덕·이용·후생의 도구도 예전과 다름이 없다. 하夏·은殷·주周 삼대 이후의 성스럽고 밝은 임금들과 한·당·송·명의 아름다운 법률 제도 또한 변함없이 남아 있다. 대개 천하를 위하여 일하는 자는 진실로 인민에게 이롭고 나라에 도움이 될 일이라면, 그 법이 비록 오랑캐에게서 나온 것일지라도 이를 수용하여 본받아야만 한다. 더구나 삼대 이후의 성스럽고 현명한 제왕들과 한·당·송·명 등 여러 나라들이 본래부터 가지고 있던 옛것임에랴. 성인이 『춘추』를 지으실 때 물론 중화를 높이고 오랑캐를 물리치려고 하였으나, 그렇다고 오랑캐가 중화를 어지럽히는 데 분개하여 중화의 훌륭한 문물제도까지 물리쳤다는 말은 들어보지 못했다. 그러므로 만약 정말로 오랑캐를 물리치고 싶다면 중화의 전해 오는 법을 모조리 배워서 먼저 우리나라의 유치한 습속부터 바꿔야 할 것이다. 밭갈기, 누에치기, 그릇굽기, 풀무불기 등에서 공업·상업 등에 이르기까지 모두 배워야 한다.

이쯤 되면 북벌론의 뼈대는 거의 와해된 셈이다. 그리고 그 위에 슬쩍 북학의 논리가 구축되었다. 말하자면, 연암은 북벌론과 북학론을 절묘하게 오버랩시켜 버린 것이다. 이 논리에 따르면, 정말로 북벌을 원한다면 더더욱 열심히 북학을 해야 한다. '오랑캐를 물리치려면 오랑캐의 법을 모조리 배워라!' 연암은 과연 역설의 달인이다. 하지만 그의 문명론은 여기서 멈추지 않는다.

그러므로 나는 비록 삼류 선비(下士)지만 감히 말하리라.
"중국의 제일 장관은 저 기와 조각에 있고, 저 똥덩어리에 있다."
대개 깨진 기와 조각은 천하에 쓸모없는 물건이다. 그러나 민가에서 담을 쌓을 때 어깨 높이 위쪽으로는 깨진 기와 조각을 둘씩 짝지어 물결무늬를 만들거나, 혹은 네 조각을 모아 쇠사슬 모양을 만들거나, 또는 네 조각을 등지어 옛날 노나라 엽전 모양처럼 만든다. 그러면 구멍이 찬란하게 뚫리어 안팎이 서로 마주 비추게 된다. 깨진 기와 조각도 버리지 않고 사용했기 때문에 천하의 무늬를 여기에 다 새길 수 있었던 것이다. 가난하여 뜰 앞에 벽돌을 깔 형편이 안 되는 집들은 여러 빛깔의 유리기와 조각과 시냇가의 둥근 조약돌을 주위다가 꽃·나무·새·짐승 모양을 아로새겨 깔아 놓는다. 비올 때 진창이 되는 것을 막기 위함이다. 기와 조각도 자갈도 버리지 않고 사용했기 때문에 천하를 여기에 다 그려 넣을 수 있었던 것이다.

 똥오줌은 아주 더러운 물건이다. 그러나 거름으로 쓸 때는 금덩어리라도 되는 양 아까워한다. 그래서 길에다 잿더미 하나도 버리지 않으며, 말똥을 줍기 위해 삼태기를 받쳐 들고 말 꼬리를 따라다닌다. 똥을 모아 네모반듯하게 쌓거나, 혹은 팔각으로 혹은 육각으로 또는 누각 모양으로 쌓는다. 똥덩어리를 처리하는 방식만 보아도 천하의 제도가 다 갖추어졌음을 알 수 있겠다.

『열하일기』를 대표하는 최고의 테제, "중국의 제일 장관은 기와 조각과 똥부스러기에 있다."는 이렇게 해서 탄생되었다. 여기에 이르면, 북벌이냐 북학이냐는 구도는 문젯거리도 되지 않는다. 기와 조각과 똥오줌, 가장 낮고 천한 것에서 가장 깊고 근원적인 것을 찾아내는 이 놀라운 통찰력은 '북벌 대 북학'이라는 이분법의 배치를 간단히 전복해 버린다. 그의 문명론이 단지 이용후생에 머무르지 않고 정덕이라는 드높은 가치를 추구했기에 가능한 일이다.

 아마도 상류, 중류의 선비들은 연암의 말에 콧방귀를 뀌었을 것이다. "기와 조각과 똥오줌 따위로 문명의 수준을 가늠하다니, 말도 안 돼!" 하면서. 물론 한 나라의 문명을 점검하는 기준은 다양할 수 있다. 더욱이 중화 문명처럼 거대한 스케일을 자랑하는 경우야 말할 나위도 없다. 하지만 중요한 건 그럴수록 더더욱 어떤 고정관념이나 편견에서 벗어날 필요가 있다는 사실이다. 그렇지 않으면 화려한 외양과 거대한 규모에 현혹되거나 아니면 독단과 편견에 사로잡혀 아예 눈을 감아 버리게 될 테니까.

   책문에 들어서자마자, 연암이 '여래의 평등안' 혹은 '소경의 혜안'을 설파한 것도 그 때문이리라.

∷ 덧달기
 ─ 쌍림과 장복의 대화

「일신수필」에 나오는 배꼽 잡는 에피소드 하나. 호행통관 쌍림이라는 인물과 관련된 이야기다. 호행통관이란 조선 사행단을 호위하는 청나라 측 통역관이다. 헌데, 이 인물의 꼬락서니가 아주 가관이다.

 쌍림은 사람됨이 교활하고 조선말을 잘한다고 한다. 앞서 소황기보에서 점심을 먹을 때 여러 비장·역관 들과 둘러앉아서 한담을 나누는데 쌍림이 밖에서 들어왔다. 여러 사람이 모두 반겨 맞았다. 쌍림이 부방비장 이성제와 다정히 인사를 주고받더니, 다음에는 내원에게 말을 건넨다. 두 사람 모두 두 번째 사행길이기 때문에 이미 얼굴을 익혔던 것이다.
 쌍림이 조선말을 잘한다고는 하나 아주 어설퍼서 다급해지면 도로 관화官話가 튀어나온다. 공연히 은자 700냥(호행통관에게 지급하는 비용)만 허비하니 아깝기 짝이 없다. 내가 이때 종이를 비벼 코침을 만들고 있으니, 쌍림이 제 콧담배 그릇을 풀어 놓으며 권한다.

"재채기를 하고 싶으신가 봅니다."

나는 무시하고 받지 않았다. 쌍림과 말하고 싶지도 않았고 또 콧담배 쓰는 법도 몰랐기 때문이다. 쌍림은 나에게 몇 차례나 말을 건네려 했다. 그때마다 내가 한층 위엄을 떨며 앉아 있으니 그는 이내 일어나서 나가 버렸다.

그 뒤 역관들의 말을 전해 듣자니, 쌍림은 내가 말을 받아주지 않아 매우 열받았다고 한다. 쌍림의 아비가 늘 아문衙門에 앉아 있기 때문에 쌍림의 노염을 사면 구경하러 드나들 때 필시 어려움이 있을 것이라고들 했다. 또 속담에 웃는 낯에 침 못 뱉는다고, 지난번 쌍림을 냉대한 것은 좋은 생각이 아니었다고 말하기까지 한다. 나 역시 그럴 수 있겠다 싶었다.

이윽고 사행이 먼저 떠났다. 나는 곤히 잠들었다가 늦게 일어났다. 밥상을 물리고 행장을 차리는 참에 쌍림이 들어온다. 내가 웃는 얼굴로 맞아 주었다.

"영감, 오랜만입니다. 별일 없으시지요?"

쌍림이 굉장히 좋아라 하며 자리에 앉으면서 삼등초三㯹草(평안남도 삼등에서 나는 질좋은 담배)도 달라 하고, 제 집에 붙일 주련도 청한다. 또 내가 먹는 진짜 진짜 청심환과 단오에 기름 먹인 접부채까지 달라 한다. 나는 머리를 끄덕이며 허락하였다.

"수레에 실은 짐이 도착하면 다 드리고말고. 헌데, 먼 길에 말을 타고 오자니 퍽 고단하군요. 당신 수레를 타고 한 역참만 갔으면 좋겠소만."

"물론입죠. 공자와 함께 타고 가다니 영광이올시다."

이윽고 함께 떠났다. 쌍림은 수레 왼편에 자리를 비워서 나를 앉히고 손수 수레를 몰고 갔다. 쌍림은 또 장복을 불러서 오른편 끌채에 앉히고는 장복에게 제안을 한다.

"내가 조선말로 묻거든 너는 관화로 대답하거라."

둘이 수작하는 말을 듣고 있자니 절로 웃음이 나와 허리가 끊어질 지경이었다. 쌍림은 마치 세 살 먹은 아이가 '밥 줘'를 '밤 줘' 하고 말하듯이 조선말을 했다. 한편 장복이 중국어를 하는 꼴은 반벙어리 말하듯 언제나 '애꼿' 소리만 거듭한다. 혼자서 보기 정말 아까웠다. 쌍림이 하는 우리말이 장복의 중국말보다 더 못했다. 말끝에 존비 붙이는 법을 전혀 모를뿐더러 말마디도 바꿀 줄 모른다.

쌍림이 장복에게 물었다.

"너, 우리 아버지를 본 적이 있느냐?"

"칙사 나왔을 때 보았소이다. 대감님은 수염이 좋던데요. 내가 보행으로 뒤를 따르며 권마성勸馬聲을 거푸 지르니, 대감님이 얼굴 가득 웃으시며 '네 목청이 좋구나. 그치지 말고 계속 하거라.' 하셨지요. 내가 쉬지 않고 외쳤더니 대감님은 연방 '좋아, 좋아.' 하시며, 곽산郭山에 이르러선 손수 차담까지 주시던걸요."

"우리 아버지 눈알이 매섭지 않던?"

장복은 껄껄 웃으면서 대답한다.

"마치 꿩 잡는 매의 눈과 같더구먼요."

"맞아."

"너, 장가는 들었니?"

"집이 가난해서 아직 못 들었습죠."

그러자 쌍림은 '불상不祥하다'는 말을 연신 되풀이하였다. '불상'이란 우리말로 가엽고 애처롭다는 말이다.

쌍림이 다시 묻는다.

"의주엔 기생이 몇 명이나 되느냐?"

"한 사오십 명은 될걸요."

"예쁜 기생도 많겠지?"

"예쁘다뿐입니까. 양귀비 같은 기생도 있고, 서시西施 같은 기생도 있습지요. 이름이 유색柳色이란 기생은 꽃이 부끄러워하고 달도 숨어 버릴 정도로 자색이 빼어나답니다. 또 춘운春雲이란 기생은 가던 구름도 멈출 정도로 남의 애를 끊을 만큼 창을 잘한답니다."

쌍림은 깔깔대며 말한다.

"그런 기생이 있었는데 내가 칙사 갔을 때엔 왜 보이지 않았지?"

"만일 한번 보셨다면 대감님 혼이 그만 구만 리 장천 구름 저 멀리로 날아가 버렸을 겝니다요. 손에 쥐었던 만 냥 돈을 남김없이 다 써버려 압록강은 건너지도 못했을 겁니다."

쌍림은 손뼉을 치고 깔깔거린다.

"내 다음 번 칙사를 따라가거든 네가 가만히 데려오려무나."

장복은 머리를 흔들며 대답한다.

"못합니다요. 남에게 들키면 목이 달아나게요."

둘이 모두 한바탕 크게 웃는다. 이렇게 주거니 받거니 하면서 30리 길을 갔다. 두 사람이 서로 상대방의 말을 시험해 보려고 수작을 한 것이다. 장복의 중국말은 책문에 들어온 뒤 길에서 주워들은 말에 불과하지만 쌍림이 평생 배운 것보다 훨씬 잘한다. 이로 보아 우리말보다 중국말이 쉽다는 것을 알겠다.

chapter 02

# 호곡장 好哭場

아, 참 좋은 울음터로구나!

:: 투전

　책문에 들어선 지 며칠째 비 때문에 계속 발이 묶였다. 오늘은 7월 1일, 새벽에 또 큰비가 내려 떠나지 못했다. 정 진사, 주부(장부와 문서를 관리하는 벼슬) 주명신, 변 군, 내원(연암의 팔촌 아우), 상방의 건량판사(곡식 담당 총책임자) 조학동 등과 더불어 투전판을 벌였다. 시간도 때우고 술값도 벌자는 심산이다. 나도 끼어 볼까 했지만 내 투전 솜씨가 서툴다며 잠자코 술만 마시란다. 슬며시 화가 나긴 했지만 어쩔 도리가 없다. 그렇지만 옆에 앉아 투전판 구경도 하고 술도 남보다 먼저 먹게 되었으니 그리 나쁜 일만은 아니다.

　벽 저쪽에서 가끔 여인의 말소리가 들려온다. 가냘픈 목청에 교태 섞인 하소연이 마치 제비나 꾀꼬리가 우짖는 소리 같다. '아마 주인집 아가씨겠지. 목소리로 보아 필시 절세가인일 게야.' 이런 생각을 하면서 장난 삼아 방 쪽으로 들어가 보았다. 아이쿠, 웬걸! 절세가인은 고사하고, 쉰 살은 넘어 보이는 부인이 평상에 기대어 문 쪽을 향해 앉아 있다. 생김새도 볼썽사납기 짝이 없다. 나를 보더니 인사를 건넨다.

"어르신, 안녕하세요?"

"네. 주인마님께서도 복 많이 받으십시오."

대답을 하면서도 나는 일부러 힐끔거리며 차림새를 살폈다. 쪽을 찐 머리에 온통 꽃을 꽂고, 금팔찌 옥귀걸이에 붉은빛 분을 살짝 발랐다. 검은빛 긴 옷을 걸쳤는데 은단추를 촘촘히 달아서 여몄다. 발엔 풀·꽃·벌·나비를 수놓은 신발을 신고 있다. 전족을 하지 않았고 궁혜도 신지 않은 걸로 봐서 만주족 여자인 듯하다.

주렴 속에서 한 처녀가 나온다. 스무 살 가량 되어 보이는 얼굴이다. 머리를 양 갈래로 갈라서 위로 틀어 올린 것으로 보아 처녀임이 분명하다. 생김새는 역시 썩썩하고 사납지만 살결은 희고 깨끗하다. 쇠양푼에다 수수밥을 수북하게 퍼 담고, 거기에 물도 한 사발 부은 다음, 구석에 있는 접이의자에 걸터앉아 젓가락으로 밥을 먹는다. 또 잎사귀 달린 파뿌리를 장에 찍어서 밥이랑 같이 먹는다. 희한하게도 목에는 달걀만 한 혹이 달려 있다. 밥을 먹고 차를 마시면서도 조금도 부끄러워하는 빛이 없다. 해마다 조선 사람을 보아 온 터라 익숙해진 탓이리라.

그 다음 날도 새벽에 큰 비가 내렸다. 시냇물이 너무 불어서 결국 또 머무르기로 했다. 정사가 내원과 주 주부에게 시내로 가서 물을 보고 오라 한다. 나도 따라나섰다. 몇 리 못 가서 끝이 보이지 않을 정도로 큰 물이 앞을 가로막는다. 헤엄 잘 치는 사람을 시켜서 물속에 들어가 깊이를 재 보게 했더니 열 걸음도 못 가서 어깨가 잠긴다. 돌아와 그대로 보고했다. 정사가 부사와 서장관, 역관과 각방 비장 들을 모조리 불러서 대책회의를 열었다. 부사가 말했다.

"문짝과 수레를 많이 빌려 뗏목을 매어서 건너는 건 어떨까요?"

"그거 정말 좋은 계책인데요."

"문짝이나 수레를 그렇게 많이 얻을 수는 없을 겁니다. 마침 근처에 집을 지으려고 10여 간 분량의 재목을 둔 걸 봤습니다. 그걸 세낼 수는 있겠습니다만, 얽어맬 칡덩굴은 어디서 구하지요?"

나도 한마디 거들었다.

"뗏목을 맬 필요가 있겠습니까. 내게 배가 한두 척이 있긴 합니다. 노도 있고 상앗대도 있는데, 딱 한 가지가 없어요."

"대체 그게 뭡니까?"

"배를 잘 저어 갈 사공이 없소."

일제히 웃음을 터뜨린다.

저녁 무렵이 되자 더위가 더욱 기승을 부리는 데다 잠까지 쏟아진다. 옆방에서 투전판이 벌어져 한창 떠들썩하다. 벌떡 몸을 일으켜 뛸 듯이 달려가서 판에 끼었다. 연거푸 다섯 번을 이겨 100여 닢을 땄다. 그 돈으로 술을 사서 실컷 마셨다. 어제 당한 수모를 일거에 씻은 셈이다.

"이 정도면 항복이지?"

"아, 그거야 요행수로 이긴 거죠."

모두들 한바탕 크게 웃었다. 변 군과 내원은 한 판 더 하자고 조른다. 그러나 나는 자리를 털고 일어서면서 한 마디 덧붙였다.

"뜻을 얻은 곳에는 두 번 가지 않는 법! 만족함을 알면 위태롭지 않다네."

∷ 꿈

　7월 6일, 마침내 불어났던 물이 조금 줄어서 길을 떠나기로 했다. 나는 정사의 가마에 함께 타고 건넜다. 하인 30여 명이 알몸으로 가마를 메고 건넌다. 강 한가운데 물살이 센 곳에 이르자 별안간 가마가 왼쪽으로 기우뚱하여 거의 떨어질 뻔했다. 아찔한 순간! 정사와 서로 부둥켜안고서 겨우 물에 빠지는 걸 면했다.

　건너편 강 언덕으로 올라가서 강을 건너는 사람들을 바라보았다. 다른 사람의 목을 타고 건너기도 하고, 좌우에서 서로 부축하여 건너기도 하며, 더러는 뗏목을 만들어 그 위에 타면 하인 네 명이 그걸 어깨에 메고 건너기도 한다. 말을 타고 물 위에 둥둥 떠서 건너는 이는 모두 머리를 쳐들고 하늘만 바라보거나, 두 눈을 꼭 감고 있거나, 혹은 억지로 웃음을 짓기도 한다. 말구종들은 모두 안장을 풀어 어깨에 메고 건넌다. 젖을까 염려해서다. 이미 건너온 사람들도 뭔가를 둘러메고 다시 건너간다. 이상해서 물어보니 누군가가 이렇게 대답한다.

　"빈손으로 강물에 들어가면 몸이 가벼워져 떠내려가기 쉽거든요.

반드시 무거운 물건으로 어깨를 눌러야 됩니다."

몇 번씩 강을 왕복한 사람들은 추워서 오들오들 떨고 있다. 산속 물 기운이 아주 차기 때문이다. 이날 60리를 갔다.

밤에 조금 취하여 깜빡 잠이 들었다. 나는 홀연 심양성 안에 있었다. 궁궐과 성지城池, 민가와 저잣거리 등이 변화하고 화려하기 이를 데 없다. '이렇게 장관일 줄이야. 집에 돌아가서 자랑해야지.' 이런 생각을 하면서 훌훌 허공을 날아갔다. 산이며 물이 모두 내 발꿈치 밑에 있다. 솔개처럼 날쌔게 날아서 눈 깜박할 사이에 야곡冶谷(서울 시내 동북방에 있던 동리로, 연암의 집안이 대대로 거주하던 곳) 옛집에 이르러 안방 남쪽 창 밑에 앉았다. 형님(박희원)께서 내게 물으셨다.

"심양이 어떻더냐?"

"실제로 보니 듣던 것보다 훨씬 낫더이다."

공손히 대답을 하면서, 그 아름다움을 쉴새없이 떠들어 댔다. 그러고는 일어나서 형님께 절을 올렸다.

"제가 잠시 집에 온 건 형님께 심양 이야기를 해드리고 싶어서였어요. 다시 일행을 따라가야겠습니다."

안채 문을 나와서 마루를 지나 바깥사랑 문을 열어젖혔다. 머리를 돌려 북쪽을 바라보았다. 문득 길마재(무악재의 옛 이름) 여러 봉우리가 눈에 또렷이 들어온다. 그제야 퍼뜩 생각이 났다. '맙소사! 여기서 책문이 천여 리나 되는데, 누가 나를 기다리고 있을꼬?'

문을 열고 밖으로 나가려는데, 문 지도리가 하도 빡빡하여 도무지 열리질 않는다. 마음이 몹시 다급하여 큰 소리로 장복이를 불렀건만 소리가 목에 걸려 다만 꺽꺽거린다. 힘껏 문을 밀어젖히다가 퍼뜩 잠에서 깨어났다. 마침 정사가 나를 부르고 있었다.

"연암!"

"앗, 여기가 어딘가요?"

"아까부터 웬 잠꼬대야?"

일어나 앉아서 이를 부딪치고 머리를 퉁기면서 정신을 가다듬어 본다. 슬프기도 하고 기쁘기도 한 마음에 오랫동안 마음이 뒤숭숭하다. 딴에는 여행 때문에 꽤나 들떠 있었던가 보다. 결국은 다시 잠들지 못하고 이리저리 뒤척이다 날이 새 버렸다.

:: 말 꼬리

　다음 날 날이 맑아서 다시 말을 타고 강을 건넜다. 강이 그리 넓지는 않지만 어제 건넜던 곳보다 물살이 훨씬 세다. 무릎을 옴츠리고 두 발을 모아서 안장 위에 옹송그리고 앉았다. 창대는 말 대가리를 꽉 껴안고 장복이는 내 엉덩이를 힘껏 부축한다. 서로 목숨을 의지해서 잠시 동안의 안전을 빌어 본다. 말을 모는 소리조차 '오호嗚呼(말을 조심해 모는 소리가 '호호好護'인데, 우리나라 발음으로 '오호'와 비슷하다.-원주) 하고 구슬프게 들린다.

　강 한가운데에 이르자, 갑자기 말 몸뚱이가 왼쪽으로 쏠렸다. 말의 배가 물에 잠기면 네 발굽이 저절로 뜨기 때문에 말은 비스듬히 누운 상태로 건너게 된다. 순간 나도 모르게 몸을 오른쪽으로 일으키느라 하마터면 물에 빠질 뻔하였다. 마침 앞에 말 꼬리가 물 위에 둥둥 떠서 흩어져 있다. 급한 김에 그걸 붙들어 몸을 가누고 고쳐 앉아서 겨우 빠지는 걸 면했다. 휴, 내 자신이 이토록 재빠를 줄은 나도 미처 몰랐다. 창대도 말 다리에 차일 뻔했는데, 때마침 말이 홀연 머리를 들고 몸을 바로 가눈다. 물이 얕아져서 발이 땅에 닿았던 것이다.

이날 큰 고개를 두 개나 넘었다.

## ::  호곡장 好哭場

    7월 8일, 정사와 함께 가마를 타고 삼류하三流河를 건넜다. 냉정冷井에서 아침을 먹고, 10리 남짓 가서 산모롱이를 접어들었을 때였다. 나의 길동무인 정 진사의 마두 태복이가 갑자기 몸을 조아리며 말 앞으로 달려 나오더니, 땅에 엎드려 큰 소리로 아뢴다.
    "백탑白塔이 현신하옵니다."
    산모롱이에 가려 아직 백탑은 보이지 않는다. 재빨리 말을 채찍질했다. 수십 걸음도 못 가서 모롱이를 막 벗어났을 때, 눈빛이 어른거리면서 갑자기 검은 공이 오르락내리락한다. 오호! 눈앞에 하늘과 땅만이 우주를 가르는 아득한 공간이 펼쳐졌다.
    나는 오늘에야 비로소 알았다. 인간이란 본시 어디에도 의탁할 곳 없이 다만 하늘을 이고 땅을 밟은 채 떠도는 존재라는 사실을. 말을 세우고 사방을 돌아보다가 손을 들어 이마에 얹고는 나도 모르게 이렇게 외쳤다.
    "멋진 울음터로구나. 크게 한번 울어 볼 만하도다!"

옆에 있던 정 진사가 물었다.

"하늘과 땅 사이에 시야가 이렇게 훤하게 터진 곳을 만나서 별안간 통곡을 생각하시다니, 무슨 말씀이신지?"

"그렇지, 그렇고말고. 아니지, 아니고말고. 천고의 영웅은 잘 울었고, 미인은 눈물이 많았네. 그러나 그들은 몇 줄기 소리 없는 눈물을 옷깃에 떨굴 정도로만 흘렸기에, 소리가 천지에 가득 차서 쇠나 돌에서 나오는 듯한 울음은 들어본 적이 없단 말이야. 사람들은 다만 희로애락애오욕 칠정七情 가운데서 오직 슬플 때만 우는 줄로 알 뿐, 칠정 모두가 울 수 있다는 건 모르지. 기쁨(희喜)이 사무쳐도 울게 되고, 노여움(노怒)이 사무쳐도 울게 되고, 슬픔(애哀)이 사무쳐도 울게 되고, 즐거움(락樂)이 사무쳐도 울게 되고, 사랑함(애愛)이 사무쳐도 울게 되고, 미움(오惡)이 사무쳐도 울게 되고, 욕심(욕慾)이 사무쳐도 울게 되는 것이야.

왠 줄 아는가? 근심으로 답답한 걸 풀어 버리는 데에는 소리보다 더 효과가 빠른 게 없거든. 울음이란 천지간에 있어서 우레와도 같은 것일세. 지극한 정이 발현되어 나오는 것이 절로 이치에 딱 맞는다면 울음이나 웃음이나 무에 다르겠는가? 사람의 감정이 오히려 이러한 극치를 겪지 못한 탓으로 교묘하게 칠정을 늘어놓으면서 슬픔에다 울음을 배치한 것일세. 이 때문에 상을 당하면 처음에는 '애고', '어이' 따위의 소리를 억지로 울부짖는 거지. 그러면서도 참된 칠정에서 우러나오는 지극하고도 진실된 소리는 참고 억누르다 보니, 저 천지 사이에 서리고 엉기어 감히 펼치지 못한단 말일세. 일찍이 가의賈誼(한나라 때 정치가)는 한바탕 울어 젖힐 곳을 얻지 못하고 결국 참다 참다 별안간 선실宣室(한나라 문제가 가의에게 귀신에 대해 질문을 한 곳)을 향하여 한마디 길게 울부짖었다네. 그러니 듣는 사람들이 어찌 놀라고 괴이하게 여기지 않았겠는가?"

이것이 그 유명한 〈호곡장好哭場〉이다. 처음부터 제목이 있었던 게 아니라 사람들 입에 많이 오르내리다 보니 후대에 제목이 이렇게 붙은 것이다. 연암은 실로 역설의 대가다. 모두들 눈앞의 장관에 혼을 빼앗기고 있을 때 울음터를 연상해 내다니. 물론 연암이 말하는 눈물은 가식적으로 질질 짜거나 슬픔에 겨워 하염없이 흘리는 눈물과는 전혀 다른 것이다. 저 가슴 깊은 곳에서 터져 나와 천지를 진동시키는 그런 소리다.

일천이백 리에 걸쳐 아득히 펼쳐져 있는 요동벌판. 열흘 가도 산이라곤 보이질 않는 그 광할한 평원에 들어서는 순간, 연암은 마치 태초의 시공간에 들어선 듯한 경이로움을 느꼈다. 천지가 그에게로 오고, 그가 천지 속으로 걸어 들어가는 혼연일체의 느낌이랄까. 크게 한번 울어 볼 만하다는 건 그런 존재론적 울림의 표현이다.

동시에 그것은 문명론적 충격이기도 했다. 요동의 광활한 스케일과 마주하는 순간, 연암은 자신이 그동안 얼마나 좁고 답답한 세계에 갇혀 있었던가를 온몸으로 실감하지 않을 수 없었다. 그는 청 문명의

요양에서 심양을 거쳐 산해관까지 천이백 리에 걸쳐 아득히 펼쳐진 요동벌판! 지금으로부터 230여 년 전 연암이 연행하던 당시 그곳은 그야말로 "하늘과 땅만이 우주를 가르는 아득한 공간"이었다. 지금 요동벌의 중심지인 랴오양(요양)에는 화학공업도시가 들어서 호곡장을 토로할 안계가 아니지만, 시가지를 벗어나면 끝도 없는 벌판이 그때의 장관을 연출한다고 한다. 훗날 1809년 연행을 다녀온 추사 김정희는 연암의 '호곡장론'에 대한 시 한 수를 남겼다.

요야(遼野)

| | |
|---|---|
| 천추의 커다란 울음터라니 | 千秋大哭場 |
| 재미난 그 비유 신묘도 해라 | 戲喩仍妙詮 |
| 갓 태어난 핏덩이 어린아이가 | 譬之初生兒 |
| 세상 나와 우는 것에 비유했다네 | 出世而啼先 |

거대한 스케일 앞에서 전율하였다. 천하를 통치한다는 건 바로 이런 것이로구나! 말하자면, 여기서 울음이란 이 전율의 신체적 표현이자 청 문명의 매트럭스 안으로 들어가는 통과제의의 일종이었다. 그것은 마치 갓난아기가 처음 세상에 나올 때의 충격과 환희, 바로 그것이었다.

:: 갓난아기가 울음을 터뜨리는 이유는?

정 진사가 다시 물었다.
"이제 이 울음터가 저토록 넓으니, 나도 의당 선생과 함께 한번 통곡을 해야 되겠군요. 그런데 통곡하는 까닭을 칠정 중에서 고른다면 어디에 해당되겠습니까?"
"그건 갓난아기에게 물어봐야 될 거네. 그 애가 처음 태어났을 때 느낀 것이 무슨 정인지. 그 애는 먼저 해와 달을 보고, 다음으로는 눈앞에 가득한 부모와 친척들을 보니 기쁘지 않을 리 없지. 이 같은 기쁨이 늙을 때까지 변함이 없다면, 본래 슬퍼하고 노여워할 이치가 전혀 없이 즐겁게 웃기만 해야 마땅한 것 아니겠나. 그런데 도리어 분노하고 한스러워하는 감정이 가슴속에 가득하여 끝없이 울부짖기만 하지 않나. 그래서 사람들은 이렇게 말하지. 삶이란 성인이든 우매한 백성이든 누구나 죽게 마련이고, 또 살아가는 동안에도 온갖 근심 걱정을 두루 겪어야 하기 때문에 세상에 태어난 것을 후회하여 먼저 스스로 울음을 터뜨려서 자기 자신을 조문하는 것이라고.

하지만 갓난아기의 본래 정이란 결코 그런 것이 아니야. 어머니 뱃속에 있을 때에는 캄캄하고 막혀서 갑갑하게 지내다가, 하루 아침에 갑자기 탁 트이고 환한 곳으로 나와서 손도 펴 보고 발도 펴 보니 마음이 시원했겠지. 어찌 참된 소리를 내어 자기 마음을 한번 펼치지 않을 수 있겠는가. 그러니 우리는 저 갓난아기의 꾸밈없는 소리를 본받아서, 비로봉(금강산의 최고봉) 꼭대기에 올라가 동해를 바라보면서 한바탕 울어 볼 만하고, 장연의 금모래밭(예부터 황해도 장면에 있는 몽금포의 금사낙조金沙落照가 유명함)을 거닐면서 한바탕 울어 볼 만하이.

이제 요동벌판을 눈앞에 두고 있네. 여기서부터 산해관까지 1200리. 사방 한 점 산도 없이 하늘 끝과 땅 끝이 맞닿아서 아교풀로 붙인 듯, 실로 꿰맨 듯한데, 예나 지금이나 비와 구름만이 아득할 뿐이지. 어떤가? 이 또한 한바탕 울어 볼 만한 곳이 아니겠는가!"

이 득의에 찬 웅변을 들으면서 정 진사는 어떤 표정을 지었을까? 예의 그 어리바리한 표정으로 변죽을 울리거나, 아니면 지난번 '벽돌타령' 때처럼 끄덕끄덕 졸고 있었을지도 모르겠다. 하긴, 정 진사뿐 아니라, 허례허식에 찌든 조선의 선비들에게 이런 역설에 찬 논법은 생소하게 들릴 법도 하다. 갓난아기는 세상에 나오자마자 크게 울음을 터뜨린다. 슬퍼서 우는 것도, 두려워서 우는 것도 아니다. 앞으로 겪을 인생살이를 미리 염려해서 우는 건 더더욱 아니다. 엄마 뱃속에 있다가 넓은 세상으로 나와 사지를 펴게 되자 너무 시원하고 기뻐서 마음껏 울어 젖히는 것이다. 존재와 우주의 마주침, 그 감동과 환희를 표현할 길이 울음밖에는 없는 까닭이다. 생명에 대한 무한긍정으로서의 '울음'. 그거야말로 칠정이 극에 달했을 때 자연스럽게 터져 나오는 '자유의 새로운 경지'에 해당한다. 하지만 인간은 자라면서 신분이나 관습, 제도 등 온갖 장벽에 구속되는 바람에 이 울음의 참맛을 잃어버렸다. 남은 건 메마른 일상과 감정들. 그러므로 삶의 진면목에 다가가고 싶다면 무릇 이 울음의 생기를 되찾을 일이다.

책벌레 이덕무가 쓴 글 중에도 천지의 활발발한 기운과 긴밀히 조응하는 생명력을 예찬한 아포리즘들이 있다.

> 기이하고 빼어난 기상이 없으면 어떠한 사물이든지 모두 속됨에 빠진다. 산이 이 기운이 없으면 부서진 기와 조각이요, 물이 이 기운이 없으면 썩은 오줌이요, 학자가 이 기운이 없으면 묶어 놓은 꼴이요, 방외인方外人이 이 기운이 없으면 뭉쳐 놓은 진흙덩이요, 무인이 이 기운이 없으면 밥보따리요, 문인이 이 기운이 없으면 때주머니에 불과하다.
> — 이덕무, 『이목구심서耳目口心書』

> 문인이나 시인이 좋은 계절 아름다운 경치를 만나면 시 쓰는 어깨에선 산이 솟구치고, 읊조리는 눈동자엔 물결이 일어난다. 어금니와 뺨 사이에서 향기가 일고, 입과 입술에선 꽃이 피어난다.
> — 이덕무, 『이목구심서耳目口心書』

어린아이가 거울을 보다가 깔깔대며 웃는다. 뒤쪽까지 터져서 그런 줄로만 알고 급히 거울 뒤쪽을 보지만 뒤쪽은 검을 뿐이다. 그러다가 또 깔깔 웃는다. 그러면서도 어째서 밝아지고 어째서 어두워지는지 묻지 않는다. 묘하구나, 어디에도 걸림이 없으니 진정, 스승으로 삼을 만하도다.

— 이덕무, 『선귤당농소蟬橘堂濃笑』

:: 덧달기

요동벌판을 지나 요양성으로 들어갔다. 수레와 말 소리가 엄청나게 울리고, 가는 곳마다 구경꾼이 떼를 지어 다닌다. 술집의 붉은 난간이 큰길가에 높이 솟아 있고, 한쪽에는 금빛 글자로 쓴 깃발이 펄럭인다. 깃발에는 이런 시구가 적혀 있다.

이름을 들으면 마땅히 말을 세울 것이고 聞名應駐馬
향기를 찾아서 잠깐 수레를 멈추리라 尋香且停車

깃발을 보니 술을 마시고 싶었다. 북적거리는 구경꾼들로 서로 어깨가 맞닿는다. 문득 예전에 들었던 얘기가 생각났다.
"이런 곳에는 좀도둑이 많다. 처음 이곳을 여행하는 사람은 구경에 정신이 팔려서 자기 주변을 잘 살피지 못한다. 그래서 잃어버리는 물건이 꼭 있게 마련이다. 지난해 어떤 사신 일행이 무뢰배들을 가마꾼 삼아 많이 데리고 왔었다. 수십 명 되는 이들 모두가 초행이었고, 옷

"요동은 왼편으로 바다를 끼고 앞으로는 망망 천리, 거칠 데 없는 큰 벌에 다다르고 있어, 백탑은 그 넓은 들을 삼분의 일이나 차지하고 앉은 느낌을 준다. 탑 꼭대기에는 쇠북 세 개를 두었고 층계마다 추녀 끝에는 크기가 물동이만큼씩이나 되는 풍경을 달아 바람이 불면 풍경 소리가 넓은 요동벌을 울린다." 「도강록(渡江錄)」〈요동백탑기(遼東白塔記)〉의 일부이다. 하지만 지금 요동 백탑은 도심의 고층 건물과 어깨를 나란히 하고 있어 그 옛날 정취를 느끼기란 쉽지 않다.

차림이라든지 말 장식품들이 상당히 호화로웠다. 요양에 들어와 구경하다가, 어떤 사람은 안장을 잃고 어떤 사람은 등자를 잃어버려 여간 낭패가 아니었다."

이 말을 듣고 나더니, 장복이 갑자기 머리에는 안장을, 허리에는 한 쌍 등자를 차고 앞장을 선다. 부끄러운 기색은커녕 사뭇 진지하기까지 하다. 내가 웃으며 꾸짖었다.

"야, 이놈아! 내 눈은 왜 안 가리냐?"

chapter 03

# 호질 虎叱

너희가 '범'을 아느냐?

:: 천하제일관天下第一關

요동벌판을 지나 성경盛京(지금의 심양)을 거쳐 연암 일행은 마침내 산해관山海關 안에 들어섰다(7월 23일). 그 사이에 겪은 고생은 이루다 형용하기 어렵다. 폭우 때문에 발이 묶인 건 다반사고, 그러다 보니 조금이라도 날이 개었다 싶으면 하룻밤에 '일고여덟 번씩' 강을 건너는 모험을 감행해야 했다. 물론 유쾌한 일도 적지 않았다. 가장 인상적이었던 건 성경에서 만난 장사치들과의 만남이다. 문자속은 좀 떨어졌지만, 고향을 등지고 수천 리를 떠돌면서 친구를 찾아 헤매는 멋진 사내들이었다. 연암은 그들과 '접선'하기 위해 밤에 몰래 객관을 빠져나오느라 온갖 꾀를 다 짜내야 했다. 예컨대 이런 식이다.

저녁 달빛이 더욱 밝다. 변계함에게 함께 가상루歌商樓에 가자고 했더니, 눈치도 없이 수역에게 가도 좋으냐고 묻는다. 이에 수역의 눈이 휘둥그레지면서, "성경은 연경이나 다름없는데 함부로 밤에 나다니겠다는 말씀입니까?" 하는 바람에 변 군의 기가 한풀 꺾였다. 수역은 어젯밤에 우리가 한 일에 대해서는 전혀 모르는 모양이다. 만일 수역이 알게 되면 나까지 붙잡힐까 두려워 일부러 알리지 않고 슬그머니 혼자 빠져나갔다. 장복이더러는 혹시라도 나를 찾거든 뒷간에 갔다고 하라고 일러두었다.

—「성경잡지盛京雜識」 7월 11일

한편, 장사치들은 장사치들대로 있는 정성을 다하여 연암을 맞아주었다.

심양은 청 태조 누르하치가 나라를 일으킨 곳이다. 심양 고궁은 북경으로 천도하기 전의 궁성으로, 기마민족의 야전 막사 같은 배치를 한 것이 특징이다. 가운데 팔각지붕을 한 대정전을 중심으로 좌우에 팔기군 장수들의 집무소가 도열하듯 서 있다.

이날 밤 달빛은 대낮처럼 밝다. 전사가(예속재의 장사꾼)가 술과 음식을 차리느라고 이경(밤 9~11시)이 되어서야 겨우 돌아왔다. 호떡 두 소반, 양곱창 곰국 한 동이, 오리고기 한 소반, 닭찜 세 마리, 삶은 돼지 한 마리, 신선한 과일 두 쟁반, 임안주 세 병, 계주주 두 병, 잉어 한 마리, 백반 두 냄비, 잡채 두 그릇이니, 돈으로 치면 무려 열두 냥 어치쯤 될 것이다.

―〈속재필담粟齋筆談〉, 「성경잡지」

　　"이렇게 귀한 손님을 모시고 아름다운 이야기로 하룻밤을 보내는 것은 평생 다시 오기 어려운 좋은 인연입니다. 이렇게 세월을 보낼 수만 있다면 하룻밤이 아니라 석 달이 넘도록 촛불을 켜고 밤을 새운들 무슨 싫증이 나겠습니까?"

―〈속재필담粟齋筆談〉, 「성경잡지」

　　장사꾼들은 연암을 위해 골동품 목록을 작성해 주기도 하고, 작별할 때는 포도 한 광주리를 들고 나와 예물로 바치기도 했다. 수천 리 밖에 떨어져 있던 이들이 문득 어느 낯선 곳에서 마주쳐 이토록 애틋한 정을 주고받을 수 있다니. 여행의 진짜 묘미는 이런 데에 있는 것이 아닐까. 그게 아니라면, 그저 구경거리만 쫓아다니는 관광과 무에 다르겠는가. 아무튼 이렇게 갖가지 추억을 안고서 연암은 마침내 연경으로 들어가는 입구인 산해관에 발을 들여놓았다.

산해관, 만리장성이 시작되는 곳에 있는 가장 규모가 큰 장성이다. 태항산이 북으로 내달려 의무려산이 되면서 중국의 동북을 가로막아 오랑캐와 중국의 경계가 된 곳이다. 여기서부터가 이른바 천자의 땅, 곧 중화제국이다. 관의 중심부 높은 누각에 '천하제일관'이라는 현판을 붙였다. 이름에 걸맞게 그 번화롭고 풍부한 품이 이제껏 본 중에 제일이라 하겠다.

연암은 「일신수필」〈장대기(將臺記)〉에서 이렇게 적고 있다. "만리장성을 보지 않고는 중국이 얼마나 큰 줄 모를 것이요, 산해관을 보지 않고는 중국의 제도를 모를 것이다." 또한 산해관은 요동벌이 끝나고 중원의 시작을 알리는 관문이므로, 웅장하고 번화하기가 성경보다 낫다고도 했다.

하지만 또 생각해 보면 이 얼마나 부질없는 짓인지. 진나라 장수 몽염이 장성을 쌓아 되놈을 막으려 하였건만 진나라를 망칠 오랑캐는 오히려 집안에서 자라났으니, 진시황의 아들 호해胡亥가 바로 그 장본인이었다. 명나라가 망할 때도 명의 장수 오삼계는 이 관문을 열어 적을 맞아들이기에 급급하였다. 장성을 쌓느라 숱한 인민들이 피땀을 흘렸건만 장성이 제국을 지켜준 적은 거의 없다. 장성은 늘 안에서 열렸기 때문이다. 흥하고 망하는 건 적이 아니라 바로 자신에게 있다는 걸 이보다 더 잘 보여 주기도 어려우리라. '천하제일관'에 오른 연암은 역사의 이 지독한 역설 앞에서 착잡한 심사를 금할 길이 없었다.

산해관 안을 '관내'라고 한다. 관내에 들어오고 나서 약 300리를 더 가고서야 연암은 문제의 장소 옥전현으로 들어섰다. 옥전현, 여기가 바로 〈호질虎叱〉이 탄생된 장소다. 미리 말해 두지만, 연암은 절대 〈호질〉의 저자가 아니다. 연암의 대표작인 〈호질〉이 연암의 작품이 아니라니, 그게 무슨 가당찮은 소리냐고? 흥분하지 말고 일단 그 내력을 들어 보시라.

∷ 〈호질〉의 '발견'

　7월 28일 저녁 무렵 옥전현玉田縣에 도착했다. 성안을 거닐다 한 점포에 들어갔다. 초란공 정 진사와 함께였다. 어디선가 음악 소리가 흘러나와 그 소리를 따라 들어가니 누각에 대여섯 명의 젊은이가 줄풍류를 연주하고 있다. 한가운데 앉아 있던 주인으로 보이는 노인이 일어나 읍을 한다.
　내가 이름을 써 보이니 주인은 가만히 머리를 끄덕일 뿐 아무 말이 없다. 네 쪽 벽엔 이름난 사람들의 서화가 가득 걸려 있다. 주인이 일어나 작은 감실을 여니, 그 속에 주먹만 한 옥으로 새긴 부처가 들어 있다. 주인이 부처 앞에 나아가 향을 피우고 절을 한 다음, 감실 문을 닫고 도로 교의交椅 위에 앉더니, 붓으로 성명을 써 보인다. 이름은 심유붕. 소주蘇州 사람이며, 나이는 마흔여섯.
　인사를 하고 방을 나오려는데, 문득 벽 위에 걸린 한 편의 기문이 눈에 꽂혔다. 흰 종이에다 가늘게 써서 격자를 만들어 가로로 붙인 것이 벽 한 면에 가득했다. 글씨 또한 정미롭기 짝이 없다. 가까이 다가서서 읽어 본즉, 가히 절세의 기이한 문장이라 할 만했다.

나는 주인에게 물었다.

"저 벽 위에 걸린 글은 누가 지은 거요?"

"모릅니다."

정 진사도 옆에서 거들었다.

"아마 최근 작품인 듯싶은데, 혹시 주인어른께서 지으신 게 아닙니까?"

"저는 글이라곤 한 줄도 모른답니다."

내가 다시 끼어들었다.

"그럼, 이게 어디서 났단 말씀이오?"

"며칠 전 계주 장에서 사온 것입죠."

"베껴 가도 괜찮겠습니까?"

"네, 물론이죠."

"감사합니다. 그럼 종이를 가지고 다시 오겠습니다."

저녁을 먹은 뒤, 정 진사와 함께 다시 가니 주인은 벌써 방 안에 촛불 두 자루를 켜 놓았다. 격자를 풀어 내리려 하였더니, 주인은 친절하게도 하인을 불러서 막대기로 내려 주었다. 나는 마지막으로 다시 물었다.

"이게 정말 선생이 지으신 게 아니오?"

그러자 이번엔 머리를 절레절레 흔들며 단호하게 말한다.

"제가 뭣 때문에 거짓말을 하겠습니까? 제 말은 저 촛불처럼 분명

합니다. 그리고 오래전부터 부처님을 섬기고 있는 처지라 절대로 거짓말은 하지 않습니다."

나는 정 진사와 함께 베껴 쓰기 시작했다. 나는 전반부를, 정 진사는 후반부를 맡았다. 이번엔 주인이 물었다.

"선생은 대체 이걸 베껴 무얼 하시려오?"

"돌아가서 친구들에게 읽혀서 한바탕 웃게 하려는 거요. 아마 이걸 읽는다면 입안에 든 밥알이 벌처럼 날아갈 것이며, 튼튼한 갓끈이라도 썩은 새끼처럼 끊어지고 말 겁니다."

정 군과 나는 열심히 베낀 다음, 숙소로 돌아왔다. 헌데, 돌아와 불을 밝히고 다시 훑어본즉, 아뿔사! 정 진사가 베낀 곳은 오자가 수두룩했다. 뿐만 아니라, 글자와 글귀를 빼먹어 맥락을 마구 어지럽혀 놓은 곳도 많았다. 하는 수 없이 대충 내 뜻대로 고치고 다듬어 한 편을 완성하였다.

∷ 미스터리

　이것이 바로 〈호질〉이 탄생되기까지의 내력이다. 보다시피 연암은 〈호질〉을 지은 것이 아니라 '발견'한 것이다. 창작과 발견은 분명 다르다. 하지만 근대 이전에는 이 사이를 가르는 선명한 표지가 없었다. 저작권 개념이 없었을 뿐 아니라, 글이 생산되는 과정이 그만큼 다양했기 때문이다. 지금 인터넷의 글쓰기를 생각해 보면 쉽게 이해될 것이다. 인터넷에 흘러다니는 글에서 어느 것이 원본이고, 어느 것이 복제본인지, 또 누가 주체고, 누가 대상인지를 파악하기란 불가능하다. 또 그걸 선명하게 파악해 본들 별 소용도, 의미도 없다. 맥락이 좀 다르긴 하지만 연암의 글쓰기 또한 이와 비슷하다. 이걸 제대로 이해하지 못한다면, 〈호질〉은 처음부터 끝까지 미스터리투성이다.

　먼저, 작자 문제. 주인의 말을 믿는다면, 이 기문은 계주 장에서 사온 것이다. 누군가 써서 장터에 팔았다. 글씨를 쓴 이와 저자가 다를 수도 있다. 그렇다면 주인은 대체 무슨 생각으로 이것을 사 왔을까? 글을 모른다 하니 내용 때문이 아니라, 글씨나 격자의 분위기에 끌렸기 때문일 텐데……. 대체 어떤 것이 이 사람의 마음을 움직인 걸까? 그러고 보면 이 또한 아이러니다. 천고의 기문이 일자무식인 사람에 의해 발견되었다니 말이다. 익명의 저자, 장터를 떠도는 문장, 글을 모르는 주인 그리고 변방의 프리랜서 연암 박지원. 〈호질〉은 이 낯선 기호들이 우연히 마주쳐서 탄생된 '절대 기문'이다.

또 하나, 연암은 왜 그토록 이 기문에 집착했던 것일까? 위에서 보았듯이, 이걸 베껴 뭐에 쓰려느냐는 주인의 질문에 연암은 고국에 돌아가서 친구들을 한바탕 웃게 만들려 한다고 답한다. 입안에 든 밥알이 날아가고, 갓끈이 썩은 새끼줄처럼 끊어진다는 건 그 정도로 웃기다는 뜻이다. 요즘 말로 치면 '포복절도', 곧 '배꼽 잡고 쓰러진다'는 표현에 해당한다. 아니, 사람들을 '포복절도'하게 하려고 그런 수고를 마다하지 않다니. 그거야말로 포복절도할 일 아닌가. 연암의 대답에 주인은 과연 어떤 표정을 지었을까? 모르긴 해도 '뭐, 이런 괴짜 양반이 다 있나?' 했을 것이다. 하지만 웃음이야말로 통념을 뒤엎고 세상을 다른 방식으로 보는 가장 멋진 전략이다. 아무 생각 없이 습관적으로 믿고 있는 상식이 전복될 때, 상식에 기대어 권위를 누리던 것들이 와해될 때 사람들은 웃음을 터뜨린다. 웃음은 특히 전염성이 강하다. 웃음이 웃음을 낳고 또 그 웃음이 웃음을 불러들이는 식으로. 그렇게 웃음이 파도타기를 하다 보면 어느새 지금까지와는 전혀 다른 길에 들어서게 된다. 연암은 이 절대 기문이 그런 효과를 낳으리라는 걸 예감하고 있었던 것이다.

가장 큰 미스터리는 마지막 대목이다. 이번에도 정 진사가 또 '사고'를 쳤다. 오자투성이에 앞뒤 순서까지 어지럽혀 놓는 바람에 결국 연암이 이리저리 손을 보게 된 것. 이 대목 때문에 〈호질〉은 숱한 소문의 회오리에 휩싸이게 된다. 얼마나 고쳤느냐? 전체가 다 트릭 아니냐? 내용이 너무 과격하니까 호신책으로 마치 베낀 것처럼 꾸민 거 아니냐? 등등.

하지만 연암이라면 이 숱한 의구심을 이렇게 날려 버릴 것이다.

"내가 쓴 거면 어떻고, 내가 고친 거면 어떤가? 내가 쓴 거든 남의 걸 베낀 거든 나를 통해서 세상 속으로 흘러갔으면 그것으로 충분한 거 아닌가? 그리고 글이란 원래 이렇게 여러 가지 인연들이 얽히고설켜 만들어지는 것이지, 전적으로 '나만의 글'이란 세상에 없는 법이다."

:: 주인공은 '범'

자, 창작에 얽힌 왈가왈부는 이 정도로 하고, 이제 그만 이야기 속으로 들어가 보자. 사람들은 〈호질〉을 소설의 일종이라고 간주하지만, 사실 〈호질〉의 스토리는 소설이라 하기도 민망할 정도로 간략하고 성글다.

'착하고도 성스럽고, 멋들어지는 데다 쌈도 잘하고, 인자한가 하면 효성스럽고, 슬기롭고도 어질며, 엉큼하고도 날래고, 세차고 사나워 천하에 대적할 자가 없는 존재', 그 이름도 빛나는 '범'이 있다.

하루는 범이 졸개인 창귀들을 불러 놓고 말했다.
"해도 저물려 하는데 어디서 먹을 것을 구할까?"
그러자 졸개 중 한 놈이 말했다.
"동문 쪽에 먹을 것이 있는데, 이름이 '의醫'라 합니다. 의란 놈은 입에 온갖 풀을 머금고 있어 살코기가 향기롭습니다. 서문 편에도 먹을 것이 있습니다. 이름은 '무巫'라 합니다. 온갖 귀신에게 아양을 떠는 처지라 날마다 목욕재계하기에 몸이 깨끗합니다. 이 두 가지 고기 가운데 고르시지요."

 범은 수염을 내리쓸고 성난 표정을 띠며 말한다.

 "의醫란 것은 '의疑'와 같으니만치, 스스로 의심스런 바를 가지고 다른 사람들에게 시험을 해대는 통에 해마다 수만 명의 목숨을 앗아 간다. 무巫란 '무誣'이다. 귀신을 속이고 백성들을 기만하여 해마다 앗아 가는 사람 목숨이 수만은 된다. 사람들의 분노가 그놈들 뼛속까지 스며들어 있다. 그것이 변하여 금잠金蠶이 되니 독이 있어 먹을 수 없다."

 호오, 의원과 무당의 비리를 단번에 간파하다니, 범의 통찰력이 상당하다. 아니, 입맛이 까다롭다고 해야 하나. 그렇게 사람을 속이고 기만하면 사람들의 분노가 뼛속까지 사무쳐 몸 자체가 독이라는 것이다. 그래서 졸개들이 고르고 골라 정말 깨끗하고 맑은 먹거리(?)를 추천한다. 다름 아닌 북곽 선생이 그다. 북곽 선생과 동리자의 추문이 등장하는 건 바로 이 대목이다.

 정나라 어느 고을에 벼슬을 좋아하지 않는 선비 한 명이 있었으니, 북곽선생이라고 불리는 이였다. 나이 마흔에 손수 교감한 책이 1만 권이요, 또 구경九經의 뜻을 풀이해서 엮은 책이 1만 5천 권이었다. 천자가 북곽 선생의 뜻을 가상하게 여기시고, 제후들은 그 이름을 흠모

하였다.

같은 고을 동쪽에는 젊은 나이에 남편을 잃은 아리따운 과부 한 명이 살고 있었는데, 그 이름을 동리자東里子라 하였다. 천자는 동리자의 절개를 갸륵히 여기시고 제후들은 어진 덕을 칭송하였다. 그 고을 사방 몇 리의 땅을 봉하고는 '동리과부지려東里寡婦之閭'(동리 과부의 마을)라고 이름 붙였다. 동리자는 수절하는 과부였지만 아들이 다섯인데 모두 성이 달랐다.

하루는 그 다섯 아들들이 서로 주고받기를, "강 북쪽으론 닭이 울고 강 남쪽에는 별이 반짝이는 이 깊은 밤에, 방 안에서 들리는 소리는 어찌 이리 북곽 선생 목소리와 비슷한가?"라고 하면서, 다섯 형제가 번갈아 가며 문틈으로 엿보았다. 동리자가 북곽 선생에게 부탁하였다.

"오랫동안 선생님의 덕을 흠모하여 왔습니다. 오늘밤에는 선생님께서 글 읽는 소리를 들었으면 합니다."

북곽 선생은 옷깃을 여미고 꿇어앉아서 시 한 장을 읊었다.

병풍에는 원앙새요 鴛鴦在屛
반딧불은 반짝반짝 耿耿流螢
가마솥과 세발솥 維鬵墍維錡
누굴 본떠 만들었나 云誰之型
흥이라 興也

다섯 아들이 서로 말하였다.

"『예기』에는 '과부가 사는 곳 문으로는 함부로 들어서지 않는다'고 하였다. 북곽 선생은 현자이시니 저 사람이 북곽 선생은 아닐 테고."

"내 듣기로, 정나라 성문이 무너져 여우 구멍이 생겼다던데."

"여우가 천년을 묵으면 요술을 부려 사람 모양으로 변할 수 있다고 들었지. 저놈은 필시 여우가 북곽 선생으로 둔갑한 것일 게야."

그러고는 다시 의논한다.

"여우의 갓(冠)을 얻는 이는 천만금을 지닌 부자가 되고 여우의 신(履)을 얻는 사람은 대낮에도 그림자를 감출 수 있다지. 여우 꼬리를 얻는 자는 남을 잘 꼬드겨 자신을 좋아하게 만든다 하던데. 우리 저 여우 놈을 잡아 죽여서 나눠 갖는 게 어떨까?"

이에 다섯 아들이 함께 어미의 방을 에워싸고 들이쳤다. 북곽 선생이 깜짝 놀라 달아났다. 행여 남들이 자신을 알아볼까 염려하여 한 다리를 들어 목에다 얹고 귀신마냥 춤추고 웃으며 문을 나와 달려가다 벌판 구덩이에 빠졌다. 거기엔 똥이 가득 채워져 있었다. 무엇인가를 붙잡고 올라가 목을 내밀어 살펴보니, 범 한 마리가 길을 막고 있었다. 범이 이맛살을 찌푸리고 구역질하며 코를 막은 채 얼굴을 외면하고는 말한다.

"아이고, 그 선비, 냄새 한번 더럽구나."

북곽 선생이 머리를 조아리며 앞으로 엉금엉금 기어 나와서 세 번 절하고 꿇어앉아 고개를 쳐들고 아뢴다.

"범님의 덕이야말로 참 지극합니다. 대인大人은 그 변화를 본받습니다. 제왕帝王된 자는 그 걸음걸이를 배웁니다. 남의 아들 되는 이는 그 효성을 본받고, 장수는 그 위엄을 취합니다. 그 명성은 신룡神龍과 나란하여, 한 분은 바람을 일으키고, 다른 한 분은 구름을 만든다 합니다. 인간 세상의 천한 신하, 감히 범님의 영향 아래 있습니다."

범이 꾸짖으며 답한다.

"가까이 다가오지 마라. 내 들기로, '유儒'(유학자)란 것은 '유諛'(아첨)라 하더니 과연 그렇구나. 네가 평소에는 세상의 온갖 나쁜 이름을 끌어모아 제멋대로 내게 갖다 붙이더니만, 지금은 서둘러 면전에서 아첨을 늘어놓으니 대체 그걸 누가 믿겠느냐?"

이렇게 해서 범의 연설이 시작되었다. 북곽 선생과 동리자의 스캔들이 워낙 기상천외하다 보니 다들 시선이 거기로 쏠리지만, 실제로 위에서 보다시피 그 대목은 아주 소략하게 처리되어 있다. 그에 비하면 범이 졸개들에게 세상 이치를 논하는 첫대목과 범이 북곽 선생에게 일장 훈시를 하는 뒷대목은 장황하기 이를 데 없다. 특히 후반부, 곧 범의 훈시는 마치 대규모 군중 앞에서 웅변을 토하듯 길고도 유창하다. 그런가 하면, 손수 교정한 글이 일만 권이요, 책을 엮은 것이 일만 오천 권이나 된다는 북곽 선생의 대응은 미미하기 짝이 없다. 범의 철학에 대응하여 언변으로 '맞짱'을 뜰 만도 하건만, 그러기는커녕 완전 낮은 포복으로 듣고만 있다가 범이 사라지자마자 어설픈 문자속으로 위장한 채 꿋꿋이 살아간다. 더럽고 치사하게. 참, 인간답다! 하긴 오죽하면 범도 구린내가 심해 도저히 먹을 수 없다고 포기했을까마는.

결국 이 작품의 주인공은 '범'이다. 더 정확히는 '범의 말'이다. 범의 입을 통해 나오는 말들이야말로 이 작품을 '절대 기문'으로 만들어 주는 결정적 요소다. 북곽 선생이나 동리자는 범의 위용을 빛내는 '카메오'에 지나지 않는다. 그리고 범이 하는 말들은 단지 선비들의 위선이나 허위의식을 꾸짖는 수준에 머무르지 않는다. 그것은 훨씬 깊고도 근원적인 것을 향하고 있다.

## :: 인간, 너는 누구인가?

 범이 북곽 선생을 향하여 설파하는 첫 번째 명제, "천하의 이치야말로 하나인만큼 범이 진정 몹쓸진대 사람의 성품도 역시 몹쓸 것이요, 사람의 성품이 착할진대 범의 성품 역시 착할지니." 한마디로, 인성과 물성은 같다는 것이다. 인성과 물성은 같은가, 다른가? 이 문제는 조선 후기의 유학자들에겐 꽤나 심각한 주제였다. 한때 노론계열 학자들 사이에서 '인물성동이론쟁人物性同異論爭'이 일어나기도 했을 정도다. 연암은 홍대용과 함께 '인성과 물성은 다르지 않다'는 동론同論의 입장에 섰다. 인간과 자연, 인간과 동물 사이에는 어떤 위계도 존재하지 않는다고 보았기 때문이다. 즉, 지금 범이 주장하고 있는 바가 곧 연암의 입장인 셈이다.

 범이 설파하는 두 번째 명제, "범의 성품이 사람보다 어질지 아니하냐." 이는 인성과 물성이 같은 정도가 아니라, 오히려 물성이 인성보다 낫다는 것이다. 좀 심한 거 아닌가 싶지만, 범이 제시하는 논거는 실로 풍부하다. 인간은 늘상 입만 열면 온갖 도덕과 윤리를 떠들어 대지만 실제로는 악독한 형벌이 난무한다. 반면, 범은 나무와 푸새, 벌레나 물고기, 강술, 자질구레한 것은 차마 입에 대지도 않는다. 또 노루와 사슴, 마소를 사냥하지만 '음식의 송사' 따위를 일으킨 적이 없다. 한마디로 광명정대하게(아쌀하게!) 먹고 산다는 것.

거기에 비춰 보면 인간은 도무지 앞뒤가 맞지 않는다. 범이 야생동물을 잡아먹는 것에 대해서는 별 관심이 없다가, 마소를 먹으면 그때부터 원수라고 떠들어 댄다. 자기네들이 마소를 부려 먹기 때문일 텐데, 그럼에도 "저 마소의 태워 주고 일해 주는 공로도, 따르고 충성하는 생각도 다 저버리고 다만 날마다 푸줏간이 미어지도록 이들을 죽이고, 심지어는 그 뿔과 갈기까지 남"김없이 먹어 치운다. 그러고도 "다시 우리들의 노루와 사슴을 토색질하여 우리들로 하여금 산에서 먹을 것이 없고 들에서도 끼니를 굶게" 한다. 그러니 "하늘로 하여금 이를 공평하게 처리하게 한다면 우리 범들이 너희 인간들을 먹어야 하겠는가, 놓아주어야 하겠는가?"

정말 가슴이 뜨끔한 대목이다. 인간의 탐욕과 이기심이 여지없이 드러나는 장면이다. 탐욕도 탐욕이거니와 모든 걸 자기에게 유리한 쪽으로만 해석하는 인간의 이중잣대는 얼마나 역겨운 것인지. 그나마 연암이 살던 시대는 덜한 편이었다. 20세기 이후, 근대 문명은 자연을 무자비하게 착취함으로써 지구상의 거의 모든 동물들을 멸종 상태에 이르게 하였다. 동물원이 그 결정적 증거다. 동물원의 존재는 그 자체로 동물에 대한 인간의 완벽한 지배를 의미한다. 인간과 야생

동물은 이제 동물원을 통해서만 겨우 끈을 유지하고 있을 뿐이다. 그렇게 보면, 범의 말은 연암의 시대보다 우리 시대에 더 강력한 경고의 메시지를 보내고 있는 셈이다.

이제 범의 질타는 구체적으로 역사와 윤리를 향한다.

> "대개 제 것 아닌 것을 취함을 '도盜'라 하고, 남을 못살게 굴고 그 생명을 빼앗는 것을 '적賊'이라 하나니, 너희들이 밤낮을 헤아리지 않고 쏘다니면서 팔을 걷어붙이고 눈을 부릅뜨며, 함부로 남의 것을 착취하고 훔쳐도 부끄러운 줄을 모르며, 심지어는 돈을 형이라 부르고, 장수가 되기 위해서 아내를 죽이는 일까지도 있은즉, 이러고도 인륜의 도리를 논할 수 있을 것인가."

부귀공명, 그것은 어떤 명분을 표방한다 해도 한낱 도적의 행위일 뿐이라는 것이다. 진정 그렇지 않은가? 부귀를 위해선 수단과 방법을 가리지 않고, 돈을 형이 아니라 아예 신으로 떠받들고 있으니 말이다. 그뿐 아니다. 철학이나 윤리 같은 덕목도 크게 다르지 않다. 툭하면 이理니, 성性이니 하지만 실제로는 천리와 본성을 알기를 개코같이 여긴다. 개미나 벌의 집을 털질 않나, 심지어 자기들끼리도 잡아먹는 짓을 서슴지 않는다.

> "지난 해 관중이 크게 가물었을 때 사람들끼리 서로 잡아먹은 것

이 몇만 명이요, 그 앞서 산동에 큰물이 났을 적에도 사람들끼리 서로 잡아먹은 것이 역시 몇만 명이었다. 그러나 서로 잡아먹음이 많기야 어찌 저 춘추전국 시대만 하리오. 그때엔 정의를 위해서 싸운다는 난리가 열일곱 번이요, 원수를 갚는다고 일으킨 싸움이 서른 번이라. 그들의 피는 천 리를 물들였고 죽어 자빠진 시체는 백만이나 되었다."

가뭄과 홍수가 나면 서로 잡아먹고, 정의와 복수를 명분으로 전쟁을 일삼는 존재, 그 이름도 비열한 인간. 하지만 범의 세계는 그와 다르다. "홍수나 가뭄을 알지 못하기에 하늘을 원망하는 법도 없으며, 원수가 무엇인지 은혜가 무엇인지도 모른 채 살아가므로 다른 존재들에게 미움을 살 일도 없다. 천명을 알고 거기에 순종하므로 무당이나 의원의 간사한 속임수에 넘어가지도 않고, 타고난 바탕 그대로 천성을 온전히 실현하므로 세상 잇속에 병들지 않는다." 착하고도 성스러운 범!

어디 그뿐인가. "아무리 작은 무기에도 전혀 의존하지 않고 자신의 발톱과 이빨만을 활용한다는 사실로 인해, 자신의 무武가 천하에 빛나는 것이다. 범과 원숭이를 그릇에다 새긴 것은 천하에 효孝를 넓히자는 뜻이고, 하루에 한 번 사냥하고서 그 먹이를 까마귀·솔개·참개구리·말개미 등과 함께 나눠 먹으니, 그 인仁이야말로 말로 다하기 어렵다. 고자질하는 자는 먹지 않고 병든 자도 먹지 않고, 상중인 자도

126　삶과 문명의 눈부신 비전 열하일기

먹지 않으니, 그 의義야말로 다 표현하기 어렵다." 초점이 바뀌니 전혀 다른 세상이 펼쳐졌다. 기막힌 반전!

연암이 글을 베끼면서 친구들한테 보여 한바탕 웃게 만들겠다고 한 것도 이런 맥락일 터이다. 근원적인 시선으로 투시해 보면, 인간의 문명은 실로 아이러니투성이다. 그런데도 그것을 마치 대단한 진리인 양 떠받들며 살아간다. 범의 시선을 통해 하늘처럼 떠받들고 있는 가치들이 와르르 무너지는 것을 볼 때, 양식 있는 선비라면 그야말로 배꼽 잡고 웃지 않을 도리가 없으리라.

범의 연설은 이후에도 좀 더 이어진다. 그와 더불어 인간 문명의 온갖 잔혹하고 비열한 행태가 백일하에 드러나고 만다. 그럼 범의 정론을 들은 북곽 선생의 반응은 어땠을까? 과연 큰 깨우침을 얻어 환골탈태하게 되었을까?

북곽 선생은 숨을 죽이고 조용히 귀 기울였으나 한참이 지나도 아무런 말도 들리지 않았다. 참으로 황공한 마음이 들어 손을 모으고 머리를 조아린 다음 고개를 들어 바라보니, 동녘은 밝아 오고 범은 이미 사라진 후였다. 아침 일찍 밭 갈러 가던 농부 하나가 물었다.

"선생께서는 무슨 연유로 이 아침에 들판에다 절을 올리시는지요?"

북곽 선생이 답했다.

"하늘이 높다 하여 어찌 머리를 숙이지 않을 것이며, 땅이 두텁다 하여 어찌 발걸음을 조심하지 않으랴'라는 말이 있다네."

쇠귀에 경 읽기가 이런 것인가. 한마디로 구제불능이다! 예나 이제나 이것이 지식인의 수준이다. 그러므로 범의 꾸짖음은 아직도 끝나지 않았다. 학문의 유파와 시대의 고금을 넘어 적어도 지식인이라면, 사람과 하늘의 도를 설파하면서 먹고사는 존재라면, 범이 제기한 이런 물음들로부터 도망갈 수 없다. 아무리 청렴한 선비라도, 아무리 고매한 철학자라도 결코 비껴갈 수 없는 물음들. 범은 그걸 묻고 있는 것이다. "진정 너희가 물성物性을 아느냐?" 그리고 그것은 바로 이런 물음이기도 하다. "인간, 너는 자신을 무엇이라고 생각하는가?"라는.

chapter 04

# 허생 許生

황금을 보기를 뱀처럼 하라

:: 연경 도착!

애초 책문을 들어선 뒤, 길에서 자주 비를 만나고 물이 막히는 바람에 통원보通遠堡에선 앉아서 대엿새를 허비해야 했다. 하여, 정사가 밤낮으로 걱정이 끊이지 않았다. 나는 마침 그 맞은편 캉炕(중국 북방 지대 살림집에 놓는 방구들)에 묵었기 때문에 빗소리가 들리는 밤이면 정사와 더불어 촛불을 밝힌 채 밤을 지새곤 했다. 그때 정사께선 휘장 너머로 이렇게 말씀하셨다.

"천하의 일은 예측할 수가 없는 법일세. 만일 황제께서 우리 일행을 열하까지 오라고 하는 날이면 시간이 턱없이 모자랄 터인데, 그때는 장차 어찌할 것이며, 또 설사 그게 아니더라도 만수절에는 기필코 대어 가야 하는데, 심양과 요양 사이에서 또 비에 막히는 날이라도 있다면, 이야말로 속담에 '밤새도록 가도 문에 닿지 못했다'는 격이 아니겠는가."

그러다가 아침이 되면 백방으로 물을 건널 계책을 세웠다. 주위 사람들이 위험하다며 뜯어말리면, "나랏일로 왔으니 설령 물에 빠져 죽는다 해도 내 운일 뿐이다." 했다. 이때부터 아무도 감히 물이 많아서 건너지 못하겠다는 말을 꺼내지 못했다.

  때마침 더위가 기세를 떨쳤다. 거기다 때로는 비가 오지 않았는데도 마른 땅이 갑자기 물바다를 이루곤 했다. 천리 밖에서 폭우가 쏟아졌기 때문이라나.

  물을 건널 때면 모두들 눈앞이 캄캄하여 새파랗게 질려서는 하늘을 우러러 잠깐이나마 목숨을 빌지 않는 자가 없었다. 간신히 건너편에 도달한 뒤에야 비로소 서로 돌아보며 위로하고 기뻐하기를 마치 죽은 사람이 다시 살아온 듯이 하였다. 하지만 그것도 잠시뿐. 다시 앞에 있는 물이 이미 건너온 물보다 더 험하다는 말을 듣고는 서로 마주 보며 아연실색할 뿐이었다.

  그러면 정사는 담담한 어조로 이렇게 말했다.

  "제군들은 걱정 말게나. 이번에도 하늘이 도우실 게야."

  그러고는 불과 몇 리도 못 가서 다시 물을 만나게 되었고, 심지어 어떤 때는 하루에 '일고여덟 번'이나 물을 건너기도 했다. 이리하여 쉴 참을 건너뛰며 쉴 새 없이 내달리다 보니 말들은 더위에 쓰러지고, 사람들 역시 더위를 먹어 토하고 싸고 하였다. 그러자 모두들 정사를 원망하고 난리가 아니다.

  "열하에 갈 리야 만무할 텐데 이 지독한 더위에 이렇게 쉴 참을 건너뛰는 건 대체 무슨 경우람. 이건 좀 심하잖아."

  "그러게. 나랏일이 아무리 중하기로 정사께서 늙고 쇠약한 몸으로 쓰러지기라도 하면 어쩌려고 저러시는 게야, 참 나."

"지나치게 서두르면 도리어 더딘 법인데…… 쯧쯧."

"아, 예전에 장계군이 진향사進香使(중국에 국상이 나면 향과 제문을 가지고 가던 특별 사절)로 왔을 적엔 책문 밖에서 물에 막혀 침상을 쪼개 밥을 지어 먹으며 무려 열이레를 묵었어도 쉴 참을 건너뛰는 일은 없었다고."

이렇게 죽기 살기로 달려서 마침내 8월 초하룻날 연경에 닿았다. 사신은 곧 표자문을 바치러 자금성 안에 있는 예부로 향했다. 나는 다른 일행들과 함께 서관으로 갔다. 서관에서 나흘을 묵었으나 별 기미가 없었다. 그러자 모두들 빈정거리기 시작했다.

"별일 없네 뭐. 사신께서 우리 말을 곧이 안 들으시더니 결국 이렇게 될 것을."

"아, 그러게 일정이야 우리들이 훨씬 더 잘 알지."

"내 말이 그 말이야. 역참을 차근차근 거치며 왔어도 열사흗날 만수절에야 넉넉히 오고도 남았을 것을."

그리하여 모두들 열하는 염두에도 두지 않았고, 사신도 차츰 열하로 갈 걱정을 놓기 시작하였다.

∷ 옥갑에서의 '야화'

 일행들이 그렇게 옥신각신하는 동안, 연암은 오랫동안 꿈꾸던 연경 유람에 정신없이 바빴다. 코끼리를 기르는 상방象房과 서양 문물을 접할 수 있는 천주당天主堂, 동아시아 문명의 보고인 유리창琉璃廠 등 그동안 책이나 이야기로만 접하던 명소들을 찾아다니느라 발이 부르틀 지경이었다.
 그러던 어느 날, 하루는 숙소인 옥갑玉匣에서 여러 비장들과 침상을 이어 놓고 밤들이 이야기를 나누게 되었다. 주로 역관에 얽힌 비화들이었다. 그 중 가장 재밌는 이야기 두 가지만 간추려 본다. 하나는 좀 섬뜩한 사건이다.

 옛날에는 연경의 풍속이 순후하여 역관들이 만금이라도 서로 빌려 주었지만 요즘은 그들이 모두 사기 치는 것을 능사로 여기게 되었으니 그 유래는 다름 아닌 조선 사람들에게서 시작되었다 한다.
 30년 전의 일이다. 빈손으로 연경에 들어온 한 역관이 있었다. 본국으로 돌아갈 즈음, 그는 자신이 묵었던 객관의 집주인을 찾아가선 느닷없이 통곡하기 시작했다. 주인이 놀라 이유를 물었다.

"강을 건너올 때 다른 사람의 돈을 몰래 지니고 왔는데, 그 일이 발각되어 제 것까지 관청에 몰수당했습니다. 이제 빈털터리로 돌아가게 되었으니, 어찌 살아가야 할지 도무지 방도를 모르겠습니다. 그럴 바에야 차라리……."

역관은 즉시 칼을 빼어 자신의 목을 찌르려 하였다. 주인이 황급히 그를 껴안고 칼을 빼앗으며 말했다.

"몰수된 은이 얼마나 됩니까?"

"3천 냥입니다."

"대장부가 몸이 없는 것이 걱정이지, 은이 없는 것이 무슨 걱정입니까? 이제 여기서 죽어 돌아가지 않는다면 당신 처자식은 어찌 산단 말입니까? 내 당신에게 만금을 빌려 드리리다. 5년 동안 착실히 재물을 늘리면 만금은 충분히 벌게 될 거요. 그때 가서 나에게 본전만 갚

북경도성삼가육시오단팔묘전도(北京都城三街六市五壇八廟全圖)

18세기 조선에서 제작된 회화식 지도. 북경의 황성을 중심으로 3개의 주요 도로와 6개의 시전, 제사를 지내는 5곳의 단(壇), 8개의 묘가 상세하게 그려져 있다. 성곽을 표시한 위쪽 사각형이 내성이고 그 아래쪽 성곽이 외성이다. 내성의 중심에 있는 붉은 테두리 구역이 자금성(紫金城)으로, 천안문(天安門) - 단문(端門) - 오문(午門) - 태화문(太和門) - 태화전(太和殿) - 경산(景山) - 지안문(地安門)으로 연결되는 중심축이 눈에 선명하게 들어온다. 조선 사신단은 내성의 동문인 조양문(朝陽門)을 통해 황성으로 들어갔다. 연암이 찾아가 본 선무문 안의 상방과 천주당은 내성의 왼편 아래쪽 모서리에 있다.

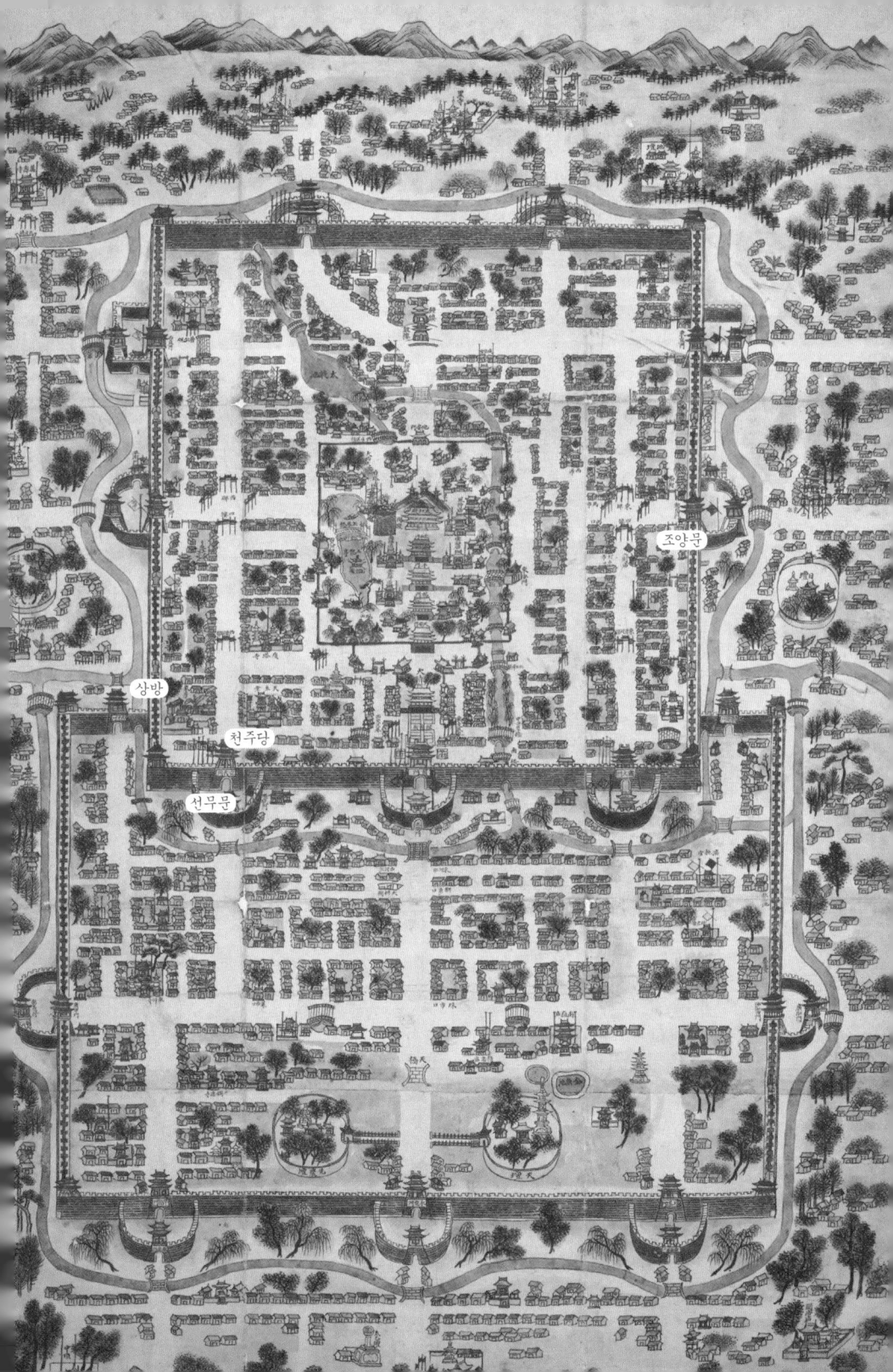

유리창은 유리 공장이라는 뜻이다. 「황도기략」을 보면 연암이 방문했을 당시 유리창에는 실제로 유리기와 벽돌 제조공장이 있었다. 공장들은 주요 산업기술의 기밀이 새는 것을 막기 위해 출입을 엄격히 단속했고, 기술자라도 넉 달치 양식을 싸들고 들어가야만 했다. 이 공장 바깥에는 서적, 문방사우, 골동품, 서화 등을 파는 점포가 차고 넘치게 있었다. 건륭제 연간의 청나라는 세계의 문물이 모여드는 '천하의 중심'이었고, 그 중심의 중심이 북경의 유리창이었다. 말하자면, 온갖 방대한 서적들이 선진 문물에 목말라하는 조선의 지식인들을 기다리고 있었던 것이다.

"으시구려."

역관은 만금을 얻고 나자 마침내 크게 무역을 하여 돌아갔다. 당시 아무도 그 일을 몰랐기 때문에 모두들 그의 재능을 신묘하게 여겼다. 주인의 말대로 그는 5년 만에 큰 부자가 되었는데, 그 즉시 역원의 명부에서 자기의 이름을 빼 버리고 다시는 연경으로 들어가지 않았다. 시간이 한참 흐른 뒤, 그의 친구 가운데 연경으로 들어가는 이가 있었다. 그는 그 친구에게 몰래 부탁을 했다.

"연경 저잣거리에서 만일 아무 객줏집 주인을 만나면 그이는 분명 내 안부를 물을 걸세. 그러면 우리 집안이 염병에 걸려 다 죽어 버렸다고 전해 주게나."

"아니, 그런 말도 안 되는 얘길 어떻게?"

"부탁함세. 만일 그렇게만 하고 돌아온다면 마땅히 자네에게 돈 100냥을 주겠네."

"허어, 거참."

그 친구가 연경에 들어간 뒤 과연 그 객줏집 주인을 만났다. 주인이 역관의 안부를 물었고 그 친구는 부탁받은 대로 대답했다. 그러자 주인은 얼굴을 가리고 대성통곡을 하면서 눈물을 비 오듯 흘렸다.

"하늘이시여, 하늘이시여. 그 착한 사람의 집에 어찌하여 그토록 참혹한 재앙을 내리셨습니까."

한바탕 통곡을 마친 뒤, 주인은 금 100냥을 내주면서 말했다.

"그이가 처자와 함께 죽었다니 제사를 주관해 줄 사람도 없겠군요. 선생께서 고국으로 돌아가시면 나를 위하여 50냥으로 제물을 갖추어 제사상을 차리고, 나머지 50냥으로 재齋를 올려 그의 명복을 빌어 주십시오."

그 친구는 몹시 곤혹스러웠지만 이미 거짓말을 한 뒤라, 결국 금 100냥을 받아서 돌아올 수밖에 없었다. 그런데 맙소사! 이게 웬일인가. 그 역관 집안이 진짜로 염병에 걸려 몰사해 버린 것이다. 그 친구는 너무도 놀랍고 두려워서 돈 100냥으로 객줏집 주인을 대신하여 재를 올려 주었다. 그후 그는 죽을 때까지 다시는 연경에 들어가지 않았다고 한다. 그 객줏집 주인을 볼 면목이 없다면서.

이야기는 이런 식으로 반전에 반전을 거듭한다. 사기와 속임수, 잔머리로 점철된 조선 역관의 비참한 말로와 시종일관 사심 없이 은혜를 베푸는 객관 주인의 아름다운 품성이 극단적으로 대비되는 가운데 삶과 운명에 대해 새삼 옷깃을 여미게 한다. 그런가 하면, 아주 낭만적인 미담도 있다. 홍순언에 대한 이야기가 그런 경우다.

홍순언은 명나라 만력제 때의 이름난 역관이다. 연경에 갔을 때 어떤 기생집에 놀러 간 적이 있었다. 그 집은 기생 얼굴에 따라 놀이채의 등급이 정해졌는데, 그 중에 놀이채가 무려 천금이나 되는 기생이 있었다. 홍순언은 즉시 천금을 내어 하룻밤 수청을 들 것을 요청했다. 바야흐로 열여섯 나이에 빼어난 미모를 지닌 여인이었다. 그녀는 홍순언과 마주 앉더니 흐느끼기 시작했다.

"제가 천금을 요구한 건 대개 천하의 남자들이 쩨쩨하기 짝이 없어 선뜻 천금을 버릴 사람이 없으리라 여겨 잠시 동안의 모욕을 면해 보려 한 것입니다. 그렇게 하루하루 지내면서 창관의 주인을 속이는 한편, 혹시나 호방한 남자가 나타나 저당 잡힌 제 몸을 풀어 주고 첩실로 삼아 주길 기대했습니다. 여기에 들어온 지 닷새가 지났지만 감히 천금을 가지고 오는 분이 없었는데, 오늘 다행히 천하의 호기로운 분을 만나게 되었습니다. 그러나 공께서는 외국인이니 저를 데리고 본국으로 돌아가시기는 법적으로 어려울 테고, 이 몸은 오늘밤 한 번 더 럽혀지면 다시 씻기는 어려울 것입니다. 흑흑흑."

"저런, 안됐구나. 헌데, 대체 어쩌다 예까지 흘러오게 되었는고?"

"저는 남경 호부시랑 아무개의 딸입니다. 아버지께서 뇌물 사건으로 감옥에 갇히는 바람에 스스로 기생집에 몸을 팔아서 아버지의 죽음을 풀어보려고 한 것입니다."

"음, 그런 사연이 있었구먼. 그럼, 내가 낭자의 몸값을 갚아 드리겠소. 액수가 얼마나 됩니까?"

"2천 냥입니다."

홍순언은 즉시 2천 냥을 내주고는 그곳을 떠났다. 여자는 고마움을 이기지 못해 수없이 감사의 절을 올린 뒤, 홍순언을 '은부恩父'로 삼았다. 그 뒤 홍순언은 이 일을 전혀 마음에 두지 않았다.

그러다 한참 후에 또 중국에 들어가게 되었다. 그런데 길가에서 사람들이 자꾸만 "홍순언이 들어오느냐?"고 물어 댔다. 참 이상한 일이라 여기며 가고 있는데, 황성 근처에 이르자 길 왼편에 성대하게 장막을 쳐 놓고는 홍순언을 맞이하면서 "병부상서 석 노야老爺께서 모셔 오랍니다." 하는 것이었다. 석씨의 집에 이르니 석 상서尙書가 절을 하며 맞이한다.

"장인어른, 어서 오십시오. 공의 따님이 어르신을 기다린 지 오래되었습니다."

손을 잡고 내실로 들어가니 그의 부인이 잘 차려입고는 마루 밑에서 절을 하였다.

"어허, 이게 대체 무슨 일이온지?"

홍순언이 어쩔 줄을 몰라 하자 석 상서가 말했다.

"하하하. 장인께선 따님을 잊으셨나 보군요."

홍순언은 그때야 비로소 그 부인이 바로 예전에 창관에서 풀어 준 여자라는 사실을 알아챘다. 그녀는 창관에서 나오자마자 곧 석성石星의 후처가 되었던 것이다. 귀부인이 된 뒤에도 손수 비단을 짜면서 늘 '보은報恩' 두 글자를 수놓았다. 홍순언이 고국으로 돌아가게 되자 그녀는 보은단이며, 각종 비단과 금은 등을 바리바리 싸 주었다. 뒷날 임진왜란이 일어났을 제, 석성이 병부에 있으면서 출병을 힘써 주장하였으니, 이는 석성이 조선 사람을 의롭게 여겼던 까닭이다.

이 이야기는 마치 한 편의 잘 짜여진 대하 드라마를 보는 듯하다. 낭만적인 로맨스와 극적인 반전, 해피엔딩까지 골고루 갖춘. 재물을 의로운 일에 호기롭게 쓰는 홍순언과 평생 은혜를 잊지 않고 끝까지 보답하는 기생의 행위, 거기다 임진왜란의 출병 후일담까지 인간에 대한 깊은 신뢰를 불러일으킨다. 그런 점에서 앞의 이야기와는 극명한 대조를 이루고 있다.

:: 변승업 卞承業

　이런 이야기들로 한창 분위기가 고조되자, 누군가 조선 최고의 갑부 변승업에 대한 이야기를 꺼냈다.
　변승업이 병에 걸리자 그동안 늘린 재물이 모두 얼마나 되는지 살펴보고 싶어했다. 모든 회계 장부를 모아 놓고 통계를 내 보니 은이 50여 만 냥이나 되었다. 그의 아들이 이렇게 제안했다.
　"거두고 흩어 놓는 일이 번잡한 데다 이 또한 오래되면 재산이 소모되고 말 겁니다. 이제 그만 몽땅 거두어들이시는 게 어떻는지요?"
　"무슨 소리! 이 돈은 서울 도성 안 만 호의 명줄이다. 어찌 하루아침에 끊어 버린단 말이냐?"
　변승업은 나이가 들자 자손들에게 이렇게 경계하였다.
　"나는 지금껏 고관대작을 많이 섬겨 보았다. 그런데 나라의 권력을 잡고 자기 집안 살림살이를 챙기는 사람치고 삼대三代를 가는 이가 드물었다. 지금 나라 안에서 재물을 늘리는 이들은 우리 집 재물이 들고나는 것으로 그 기준을 정하니 이 또한 권세라면 권세다. 흩어 버리지 않는다면 후손들에게 장차 재앙이 닥칠 게야."

변씨 가문이 자손은 번창했지만 다들 가난했던 건 이 때문이라고 한다. 이야기가 여기에 이르자 나도 입이 근질거려 참을 수가 없었다.

"변씨 집안에 대해서라면 나도 좀 아는 바가 있지."

그러자 다들 눈이 휘둥그레지면서 빨리 이야기해 보라고 난리다. 연암은 젊은 시절, 윤영尹映이라는 인물한테서 변승업의 '부의 유래'에 관한 말을 들은 적이 있다. 그에 따르면, 변승업의 조부 때에는 돈이 몇만 냥에 지나지 않았는데, 일찍이 허씨 성을 지닌 선비한테서 은 10만 냥을 얻는 바람에 일국의 으뜸이 되었다는 것이다. 연암은 오래전 기억을 되살려 '허생 이야기'를 풀어 놓았다. 허생이 집을 나와 변씨를 찾아간 거며, 독점으로 100만 냥을 거머쥔 거며, 변산반도의 도적떼를 데리고 무인도로 간 거며, 또 이완 대장을 불러다 한바탕 호통을 친 것 등등. 〈허생전〉은 그렇게 해서 탄생되었다. 그러니까 소위 〈허생전〉은 서재에서 심사숙고하여 쓰여진 것이 아니라, 연경의 한 객관에서 여러 사람들 앞에서 '구술'된 것이다. 그게 조선 후기 소설사의 우뚝한 봉우리가 될 줄은 연암은 물론 그날 옥갑에 있었던 그 누구도 예견하지 못했으리라.

작품의 탄생 내력도 특이하지만, 주인공 허생은 실로 천고에 보기 드문 기인이다. 그의 행적은 보통 사람들의 상식으로는 도저히 풀리지 않는 미스터리로 가득하다. 해서, 독자들의 궁금증을 풀어 주기 위하여 타임머신을 타고 가 그를 직접 만나 보기로 했다.

# 허생을 인터뷰하다

• 그가 '세상 속으로' 들어간 까닭은?

**질문** 반갑습니다. 드디어 만나게 되었군요.

**허생** 아니, 그대가 나를 어찌 아는가?

**질문** 연암 박지원이 지은 『열하일기』「옥갑야화」편을 보고 알게 되었지요. 더구나 그 대목이 〈허생전〉이라는 이름으로 교과서에 실리는 바람에 한국에서 정규교육을 받은 이라면 모르는 사람이 없답니다. 헌데, 선생의 행적은 알면 알수록 아리송하기 짝이 없습니다. 오죽 답답하면 제가 '타임머신'까지 동원해서 직접 찾아왔겠습니까?

**허생** 허허. 내 이야기가 후세에까지 그렇게 알려졌다니, 거참, 뜻밖이로군. 아무튼 궁금한 게 있으면 뭐든 물어보게나.

**질문** 먼저, 남산 아래 '묵적골'에서 오랫동안 글만 읽다가 느닷없이 세상에 나오게 된 과정부터 이야기해 볼까요?

**허생** 처음엔 10년 동안 두문불출하고 책만 읽을 작정이었다네. 그러자니 아내가 바느질품을 팔아 겨우 입에 풀칠을 할 수밖에 없었지. 7년쯤 되었을까. 하루는 참다 못해 아내가 나를 이렇게 몰아붙이더군. "과거도 보지 않을 걸 글은 읽어서 뭣에 쓸 거냐?"고. 그래, "내 아직 글공부가 덜 여물었다."고 대꾸했지. 그랬더니 그 다음엔 "공장이 노릇이라도 하라.", "장사치 노릇이라도 하라."고 몰아붙이질 않겠나. 처음엔 그저 늘상 하던 바가진가 보다 하고 대충 넘기려 했는데, 그게 아니었어. "공장이고 장사치고 내가 어찌 하겠나?"고 하자, 마치 내가 그렇게 나올 줄 알았다는 듯, "당신은 밤낮으로 글을 읽었다는 것이 겨우 '어찌 하겠소' 하는 것만 배웠구랴그려. 그래 공장이 노릇도 하기 싫고, 장사치 노릇도 하기 싫다면, 도둑질이라도 해보는 건 어떻소?" 아, 이러지 뭔가. 그 말을 듣는 순간, 망치로 뒤통수를 얻어맞은 기분이 들더군. 그래서 그날로 '책을 덮고' 세상으로 나와 버렸지.

**질문** 오, 대단한 걸요. 조선 시대에는 아녀자가 지아비를 하늘처럼 떠받들었다던데, 아무리 배가 고파도 그렇지, 저렇게 공장이나 장사치, 심지어 도둑질이라도 하라고 몰아붙이기는 쉽지 않았을 텐데요.

**허생** 맞네. 아내는 워낙 생활력이 강한 사람이야. 그러니까 그녀한테는 '사농공상'의 명분 같은 건 안중에도 없지. 나 또한 공허한 명분을 위해 공부한 건 아니지만, 아내의 위풍당당한 꾸지람을 듣는 순간, 그동안 쌓은 지식이 도둑질보다 별반 나을 게 없다는 걸 깨닫게 된 거지. 솔직히, 지식이란 게 마음 한번 잘못 쓰면 바로 도둑질이 되는 거 아니겠나?

**질문** 허허. 그렇군요. 그건 그렇다 치고, 변 부자와의 만남도 예사롭지가 않은데. 다짜고짜 찾아가선 만금을 빌려 달라고 하지 않았습니까? 선생도 선생이지만, 변 부자는 또 뭡니까? 일면식도 없는 선생한테 덜컥 만금을 주다니 말입니다. 변 부자가 그렇게 나오리라고 예상했었나요?

**허생** 아니, 전혀 하지 못했네. 하지만 그 이치야 아주 간단하다네. 나는 당시 내 재주가 만금을 벌 수 있다고 생각했지. 그렇지만 운명은 어디까지나 하늘에 달려 있는 것이네. 그러므로 내 재주를 이용할 줄 아는 사람은 복이 있는 사람일 거고, 그런 이라면 나에게 반드시 만금을 주지 않을 수 없었을 게야. 그리고 일단 만금을 얻은 뒤에는 그 사람의 타고난 운에 기대어서 시행하는 것이니 그때부턴 뭘 하건 척척 다 풀리게 마련이지. 만일 사사로운 욕심으로 움직였다면 내가 아무리 날고 기는 재주가 있다한들 일의 성패야 장담할 수 없었겠지.

- **'무인도'에서 대체 무슨 일이?**

질문 참 놀랍군요. 그런 식으로 돈을 주고받을 수 있다니. 제가 사는 시대에는 그런 식의 거래는 상상도 할 수 없습니다. 친구 사이라고 해도 담보에 보증까지 서야 겨우 돈을 빌릴 수 있거든요. 상대방의 운에 기대어 재능을 펼친다? 그리고 성패는 오직 하늘에 맡긴다? 멋지기도 하고 떨리기도 하네요. 하하. 암튼 그러고 나서 그 유명한 대박 행진을 계속했지요? 안성에 터를 잡은 뒤, 온갖 과실을 독점하여 10배를 챙겼고, 그 다음엔 제주도에 가서 말총을 몽땅 거두어늘이는 방식으로 또 10배를 챙겼고요. 이런 경제활동을 '이용후생'이니 뭐니 하고 평가하는데, 사실 저는 좀 불만입니다. 상품의 유통경로를 차단한 뒤, 매점매석을 통해 이윤을 챙기는 건 그야말로 전형적인 독점의 횡포에 해당하거든요.

**허생** 맞네. 우리 조선은 배가 외국과 통하지 못하고, 수레는 국내에 두루 미치지 못하기 때문에 온갖 물화가 이 안에서 만들어져서 이 안에서 소비되지. 대체로 만금이면 물건을 몽땅 사들이기에 충분한 액수라네. 그러니 뭍에서 나는 산물 만 가지 중에 한 종류만 몰래 유통을 정지시켜 보게나. 그 즉시 나라 안의 모든 상업활동이 멈추고 말 거야. 훗날 나라의 일을 맡은 자들이 만약 내 방식을 쓴다면 반드시 그 나라를 병들게 만들 걸세.

**질문** 슬프게도 선생의 예상대로 되고 말았습죠. 날이 갈수록 독점의 횡포가 심해지더니, 20세기 이후엔 그야말로 독점재벌의 시대가 도래하고 말았답니다. 쩝! 심지어 슈퍼마켓도 대형화하는 바람에 동네 구멍가게들조차 사라져 가는 실정입니다. 그건 그렇다 치고, 어찌됐건 돈을 그렇게 많이 벌었는데, 왜 집으로 돌아가지 않고 2천 명이나 되는 도적떼를 이끌고 무인도로 들어갔나요? 대체 뭘 실험해 보고 싶었던 겁니까?

**허생** 글쎄. 이를테면, 아주 낯선 곳에서 삶의 새로운 양식을 모색해 보고 싶었다고나 할까? 내가 평소에 주창했던 '이용후생' 그리고 '정덕'을 구현하고 싶었다고나 할까.

**질문** 네, 그렇군요. 근데, 농사도 잘 되었지, 국제무역으로 100만 냥이나 되는 부도 축적했지, 모든 게 계획대로 척척 됐는데, 왜 중도에 포기하셨습니까? 게다가 섬을 나오면서 아주 이상한 조처를 취하셨더군요. 돈 50만 냥은 바닷속에 던지고 글을 아는 자들은 몽땅 배에 태워 데리고 나왔다죠?

허생 그 섬은 땅이 협소한 데다 덕이 두텁지 않기 때문에 열심히 농사를 지으면 그럭저럭 먹고살 수야 있겠지만, 새로운 삶의 양식을 창안하기엔 한계가 있더군. 경제적으로 넉넉하다 해서 덕과 인을 구현할 수 있는 건 아니라네. 50만 냥을 바다에 버린거나 지식분자들을 몽땅 데리고 나온 건 화근을 없애 버리기 위해서지. 그 좁은 땅에서 돈이나 지식은 그야말로 분란만 일으키는 화근이 될 게 뻔하거든.

질문 허걱! 설명을 들으면 들을수록 미궁에 빠져드는 느낌입니다. 돈을 그런 방식으로 생각할 수 있다는 게 놀라울 따름입니다. 좌우간 돈은 그냥 숫자가 아니라, 땅과 덕과 지식 등과 긴밀하게 연동된 것이라는 의미일 테지요? 우리 시대가 반드시 환기해야 할 사항이 아닌가 싶습니다. 그럼 이쯤 해서 중간점검을 해봅시다. 100만 냥 중에서 50만 냥은 바다에 버렸고, 10만 냥은 변 부자에게 갚고, 그럼 40만 냥은 남았겠군요?

허생 아니네. 섬을 나와 나라 안을 두루 돌아다니면서 불우이웃돕기에 다 써 버렸네. 재물이란 욕심을 부리는 순간 재앙이 되는 법일세.

질문 네에? 저도 평소 그렇게 생각하고 있긴 합니다만, 그래도 그건 좀 심한 것 같은데요.

허생 모르는 소리! 말이 나온 김에 내가 재미있는 이야기를 하나 들려줌세. 옛날에 도적 세 명이 함께 남의 무덤 하나를 파서 금을 도적질하고는 자축도 할 겸 술을 한잔 마시기로 했다네. 그 중 한 명이 선뜻 일어나 술을 사러 가면서 마음속으로 생각했지. '하늘이 주신 좋은 기회로구나. 금을 셋이 나누는 것보다는 내가 독차지하는 것이 좋겠지.' 그러고는 술에

독약을 타서 돌아왔어. 그런데 오자마자 남아 있던 도적 둘이 갑자기 일어나서 그를 때려 죽인 거야. 그런 다음 둘은 술과 음식을 배불리 먹고는 도적질한 금을 반분했는데 얼마 못 가 함께 무덤 곁에서 죽고 말았지. 그 후 그 금은 길옆에서 굴러다니다가 누군가의 손에 들어가게 되었을 테지. 아마 그걸 얻은 자는 하늘에 감사를 드리면서도 이 금이 무덤 속에서 파내어졌고, 독약을 먹은 자들의 유물이며, 또 앞사람 뒷사람을 거쳐 몇천 몇백 명을 독살했는지는 상상조차 하지 못했을 거야. 결국 지금 우리가 쓰는 돈도 액수가 크건 작건 간에 다 피와 독이 묻어 있는 것이란 말일세.

**허생** 그러니 천하의 인사들은 돈이 있다 하여 꼭 기뻐할 것도 아니요, 없다고 하여 슬퍼할 것도 아니라네. 아무런 까닭 없이 갑자기 돈이 굴러들어 올 때는 천둥처럼 두려워하고 귀신처럼 무서워하여 풀섶에서 뱀을 만난 듯 머리끝이 오싹하여 뒤로 물러서야 마땅할 것이네.

**질문** 아, 그 이야기는 '황금대黃金臺'라는 유적에 얽힌 사연이지요. 저도 『열하일기』의 〈황금대기黃金臺記〉 부분에서 읽은 적이 있습니다. 물론 전적으로 동감입니다. 재물에 대한 욕망은 활활 타오르는 불꽃보다 더 뜨겁다고 하지 않습니까? 거기에 사로잡히면 헤어날 길이 없지요. 허나, 아무리 그래도 그렇지, 아내가 도적질이라도 하라고 해서 집을 뛰쳐나왔는데, 다시 빈털터리가 되어 돌아가다니요. 그럼, 다시 아내한테 빌붙어 살았단 말입니까?

**허생** 허허. 그렇지는 않네. 돈을 갚았더니, 변 부자가 그 다음부터 내 생계를 이것저것 돌봐 주었지. 참, 좋은 친구야.

- '미션 임파서블'에 담긴 뜻은?

**질문** 그러고 보니, 이완 대장을 만난 것도 변 부자의 주선이었죠? 이완이라면 북벌론을 주도했던 당시 최고의 권세가가 아니었습니까?
**허생** 그렇다고 하더구먼. 나를 찾아와선 청나라 오랑캐를 물리칠 방도를 묻기에 이것저것 일러 주었지.
**질문** 거기도 참 난감한 대목인데요. 다른 건 차치하고, 문제의 '스파이 침투 작전'에 대해 좀 설명해 주시죠.
**허생** 무릇 남의 나라를 치고자 한다면 먼저 간첩을 쓰지 않고서는 성공하기 어려운 법이니, 국내의 뛰어난 자제를 가려 뽑아서 머리를 깎고 되놈의 옷을 입혀서 지식층은 빈공과賓貢科에 응시하고, 세민細民(평민)들은 멀리 강남에 스며들어 그들의 모든 허실을 엿보며 그들의 호걸을 결집한다, 뭐 이런 구상이었지. 그런 다음에라야 청나라를 정벌하여 병자호란의 수치를 씻을 수 있지 않겠는가?
**질문** 한마디로 곳곳에 침투하여 중원을 뒤집어엎으라, 이런 식이네요. 오 마이 갓! 그건 '미션 임파서블'입니다. 그 말을 들은 이완 대장의 표정이 궁금한데요.
**허생** 얼굴이 벌개져선 "요즘 사대부들은 모두 삼가 예법을 지키는 판이어서 누가 머리를 깎고 되놈의 옷을 입겠습니까?" 하더군. 아니, 머리와 복식도 바꾸지 못하는 주제에 무슨 북벌을 한단 말인가? 말짱 허세지.
**질문** 참 짓궂기도 하십니다그려. 그렇게 나올 줄 뻔히 알면서 그런 방도를 내놓으신 거죠? 북벌론에 동조하는 척하면서 사실은 북벌론이 얼마나 허황한가를 폭로한 셈이네요. 그것도 북벌론의 선두주자인 이완 대장의 입을 통해서요. 그야말로 '성 깊숙이 들어가 적으로 하여금 스스로 성문을 열게 만드는' 전법을 구사한 거 아닙니까?

**허생** 허허, 그런가? 독단에 사로잡힌 사람들을 골탕 먹이는 데는 그게 최고야. 굳이 반대논법을 구사할 필요 없이, 스스로 자신들의 논리가 얼마나 말도 안 되는가를 폭로하도록 만들어 버리는 거지. 그건 그렇고, 대체 연암인가 뭔가 하는 작자는 나에 대해 어떻게 알았다던가?

**질문** 연암 박지원이 젊은 시절, 윤영이라는 분한테 들었다는데요. 윤영, 그분도 선생 못지않은 기인입니다. 연암이 처음 만났을 적에 그는 밥도 조금밖에 먹지 않고, 잠도 거의 자지 않은 채 신선술을 닦고 있었다 합니다. 그런데다 일단 이야기를 했다 하면 몇만 언으로써 며칠 밤에 걸쳐 끊이지 않았다는군요. 신선술을 익히는 이가 뭔 말이 그렇게 많은지. 훗날 들으니 나이 아흔이 되어도 호랑이를 움켜쥘 정도로 정정했다고 합니다. 한마디로 온갖 기이한 풍문을 남기면서 세상을 떠돌아다니는 '바람의 사나이'였죠. 헌데, 어찌된 영문인지 당신과 당신의 아내에 대해 아주 상세히 알고 있었던 모양입니다. 흥미롭게도 연암과 헤어질 때, "끌끌. 허생의 아내야 당연히 다시 굶주렸겠지." 했다지 뭡니까? 저는 그 부분이 참 놀랍기 그지없습니다. 그 시대에 이름 없는 여성의 존재에 대해 그렇게 마음을 쓰는 남성이 있었다니 말입니다. 혹시 윤영이라는 인물을 아시나요?

**허생** 허 참. 그랬구먼. 듣고 보니, 나보다 그 사람이 더 기인이로구먼. 하지만 이제 와서 그가 누군지 알아서 뭣하겠는가? 윤영이 누구면 어떻고, 연암이 누구면 또 무슨 상관인가? 자, 술이나 한잔하고 가게나.

chapter 05

# 야출고북구기 夜出古北口記

만리장성에 담긴 뜻은?

:: 아닌 밤중에 홍두깨!

연경에 도착하여 나흘째 되던 날이었다. 그날도 여기저기를 돌아다니다 늦게야 돌아왔다. 일행들과 더불어 술을 좀 마신 탓인지 취기에 피로가 겹쳐 이내 곯아떨어졌다. 한밤중이 되어서야 잠깐 잠이 깨었는데, 돌아보니 옆사람들은 이미 깊이 잠든 뒤였다. 목이 몹시 마르기에 상방에 가서 물을 찾았다. 방안에 촛불을 밝히자니 정사가 인기척을 듣고는 나를 불렀다.

"아까 잠깐 졸았는데, 꿈결에 열하로 갔지 뭔가. 여정이 생시처럼 또렷하네그려."

"길에 오르신 뒤로 늘 열하 생각을 놓지 않고 계시다 보니 이제 편안히 쉴 때도 꿈에 나타나는 게지요."

물을 마시고 돌아와선 이불에 들어 곧 코를 골았다. 꿈결에 별안간 요란스런 소리가 들려왔다. 뭇사람들의 벽돌 밟는 발자국 소리가 담이 무너지는 듯, 집이 쓰러지는 듯 어지럽기 짝이 없다. 깜짝 놀라 벌떡 일어나 앉으니, 머리가 어지럽고 가슴이 두근두근한다.

연경에 도착한 이후, 하루 종일 돌아다니다 밤에 돌아와 누우면 매양 만리장성의 관문이 깊이 잠겼음을 떠올리고는 갖가지 망념에 사로잡히곤 했다. 옛날 원나라 순제가 명나라 군대에 쫓겨 북으로 도망갈 제 느닷없이 고려의 사신을 본국으로 돌아가게 한 적이 있었다. 고려 사신은 장성을 나선 뒤에야 비로소 명나라의 군대가 온 천하를 차지했음을 알았다. 그런가 하면, 가정제(명나라 12대 황제) 땐 달단의 추장 엄답이 졸지에 연경을 포위한 적도 있었다.

어젯밤에 내가 변 군, 내원과 이런 얘기를 나누며 서로 웃었다. 그런데 이제 저렇듯 발자국 소리가 천둥 치듯 하니 어찌 놀라지 않겠는가. 영문은 모르겠으나, 큰 변고가 일어난 것만은 틀림없지 싶었다. 급히 옷을 주워 입고 있는데, 시대(상방 마두)가 엎어지듯 고꾸라지듯 달려왔다.

"나으리! 곧 열하로 떠나게 되었답니다!"

그제야 내원과 변 군도 화들짝 놀라 잠에서 깨어났다. 둘은 아닌 밤중에 홍두깨를 맞은 듯 "관에 불이 났소?" 한다. 순간, 장난기가 발동하여 "아, 글쎄, 황제가 열하에 거둥하여 연경이 비는 바람에 몽고 기병 십만 명이 쳐들어왔다는군." 하자, 둘은 기겁을 하며, 서로 부둥켜안고 비명을 질러 댄다. "아이고! 이제 우린 다 죽었다!"

급히 상방으로 달려가니 온 관이 물 끓듯 한다. 통관들이 새파랗게 질려서 황급히 달려왔다. 혹은 제 가슴을 두드리고 혹은 제 뺨을 치며 혹은 제 목을 끊는 시늉을 하면서 울고불고 생난리를 친다.

"카이카이(開開)요, 카이카이."

"아까운 목숨 달아나게 생겼네. 아이고, 이를 어째, 이를 어째."

'카이카이'란 목이 달아난다는 뜻이다. 까닭은 모르겠으나, 하는 짓거리들은 참 흉측하기 짝이 없다.

사연인즉 이러했다. 황제가 날마다 조선 사신을 기다리다가 급기야 보고받기를, 예부가 조선 사신을 열하 행궁으로 보낼지 말지를 아뢰지도 않은 채 표자문만 달랑 올린 사실을 알게 되었다. 노발대발한 황제가 즉시 조선 사신을 열하로 불러들이라 했고, 담당 관원들에게 감봉 처분을 내렸다는 것이다. 그제야 상서 이하 예부의 관원들이 몸둘 바를 몰라 우왕좌왕하면서 당장 짐을 꾸려 열하로 떠나라고 독촉하게 된 것이다.

이에 부사와 서장관이 모두 상방에 모여서 데리고 갈 비장을 뽑았다. 나 역시 함께 가고 싶은 마음 간절했다. 허나, 먼 길을 겨우 쫓아와서 안장을 끄른 지 얼마 되지 않아 피곤이 채 가시지도 않았는데, 또다시 먼 길을 떠난다는 건 실로 생각만 해도 끔찍한 노릇이요, 만일 열하에서 곧바로 본국으로 돌아가기라도 하면 나의 연경 유람 계획은 완전 낭패가 되고 만다. 예전에도 황제가 우리나라 사신단을 각별히 배려하여 곧장 돌아가도록 한 특별 은전이 있었고 보면, 이번에도 십중팔구 그럴 게 뻔했다. 이래서 갈까 말까 망설이고 있자니, 정사가 이렇게 충고했다.

"자네가 만리 길을 마다 않고 여기까지 온 건 천하를 널리 구경코자 함이거늘, 뭘 망설이는가. 만일 돌아간 뒤에 친구들이 열하가 어떻더냐고 물으면 뭐라 답할 텐가. 열하는 지금껏 누구도 가 보지 않은 길이니, 이 천재일우의 기회를 그냥 놓칠 셈인가."

## :: 열하로

해서, 나는 결국 함께 떠나기로 마음먹었다. 8월 5일, 정사 이하 수행원들의 직함과 성명을 적어서 예부로 보내 역말편에 먼저 황제에게 알리기로 하였다. 하지만 나의 성명은 단자 속에 넣지 않았다. 본디 특별한 임무도 없거니와, 황제의 별상別賞이 있을까 하여 미리 피한 것이다.

그제야 인마를 점고해 보니, 사람은 모두 발이 부르트고, 말은 여위고 병들어 실로 제때에 열하에 당도할 것 같지 않았다. 이에 일행이 모두 마두를 빼고 견마잡이만 데리고 가기로 결정하였다. 부사, 서장관, 역관 셋, 비장 넷, 그리고 하인들, 모두 합하여 일흔넷에 말이 쉰다섯 필이다. 나머지는 모두 연경에 남기로 했다. 나도 하는 수 없이 장복이를 떨어뜨리고 창대만 데리고 가기로 했다. 정 진사, 노이점(상방 비장), 장복 등이 관문 밖에서 손을 잡고 서로 작별을 나눌 제 여러 역관들도 다투어 손을 잡으며 무사히 다녀오기를 빌어 주었다. 떠나고 떠나보내고 하는 마당에 자못 처연함을 금치 못하였다. 산전수전을 다 겪으며 먼 이국땅까지 와서 또다시 작별을 하게 되었으니 사람의 정이 어찌 그렇지 않겠는가. 마두들이 다투어 사과와 배를 사서 바치기에 한 개씩을 받아들었다. 첨운패루瞻雲牌樓 앞까지 이르자 모두들 말 머리에서 작별을 고한다. "나으리, 부디 몸조심하십시오." 하며 눈물을 떨구지 않는 이가 없다.

지안문地安門을 나서서 다시 북쪽으로 꺾어져 자금성을 끼고 돌면서 7~8리를 더 갔다. 자금성은 높이가 두어 길이나 된다. 밑바닥을 돌로 깔고 벽돌로 쌓아 올린 뒤, 누런 기와를 덮고 주홍빛 석회를 칠했다. 거기서 3~4리를 더 가 동직문東直門을 나서니 장복이는 말 등자를 붙잡고 흐느껴 울며 차마 손을 놓지 못한다.

"장복아, 울지 말고, 이제 고만 돌아가거라."

내가 이렇게 타이르자, 다음엔 창대의 손목을 잡고 더욱 구슬피 우는데 눈물이 마치 비오듯 한다. 단짝이 되어 이역만리를 왔는데, 하나는 가고 하나는 남겨져야 하니, 인정이 실로 그럴 법도 하다. 이별치고 슬프지 않은 것이 있겠느냐만은 사별보다 더 애달픈 게 생이별이다. 죽어 이별하는 것이야 모든 인간이 겪어야 하는 이치이니 그저 순순히 따를 수밖에 없지만, 살아 이별하는 건 그렇지 않다. 그것도 만리 타국에서 생이별을 해야 하니, 그 애달픈 심정이야 말로 다할 수 없으리라.

연암은 이 애달픔을 실마리 삼아 '이별론' 한마당을 장황하게 펼친다. 인간이 살아가면서 겪을 수밖에 없는 온갖 이별의 사연들을 마치 판소리 광대마냥 유창하게 주워섬기면서 이별이란 모름지기 음산한 날, 물가의 다리 위에서 이루어져야 그 애절한 정취가 제대로 산다는 괴상한 '썰'을 풀기도 하고, 병자호란 이후 소현세자가 청나라에 볼모로 잡혀 있을 제 조선에서 온 신하들과 이별하는 장면을 떠올리고는 몸서리를 치기도 하고, 이별에 관한 한 당대 최고의 히트곡인 〈배따라기〉를 공연하는 무대를 멋들어지게 재현하기도 한다. 하지만 한껏 감정이 끓어올라 클라이맥스를 향해 가는 순간, 아뿔사! 상황은 졸지에 급반전된다. 파노라마처럼 이어지는 '이별론'에 스스로 도취된 탓일까. 연암은 연경을 벗어나는 길목에서 앞서 가는 수레를 놓치고 말았다. 그 바람에 엉뚱한 길로 접어들어 수십 리를 헤매다 그만 수수밭의 물웅덩이에 빠져 버렸다. 날은 저물고 앞은 보이지 않아 한참을 고생하다 간신히 돌아나와 뒤늦게 일행과 합류했다. 하지만 이건 서곡에 불과했다. 무박 나흘의 고단한 여정이 연암을 기다리고 있었던 것이다.

:: 굶주림과 잠고문

　8월 초6일. 아침엔 갰다가 점차 무더워지더니 오후엔 큰바람이 불면서 천둥과 번개가 요란했다. 밀운성密雲城을 바라보니 겨우 몇 리밖에 남지 않았기에 채찍을 휘둘러 서둘러 말을 몰았다. 바람과 우레가 한층 드세지고 빗발이 비껴 치기 시작하는데, 마치 사나운 주먹으로 뺨을 후려갈기는 듯하다. 잠시 사당으로 피해 있다가 비가 좀 멎기에 곧 길을 떠났다. 밀운성 밖을 감돌아 7~8리를 갔다. 갑자기 건장한 되놈 몇이 큼직한 나귀를 타고 오다가 손을 내젓는다.

　"가지 마시오. 5리 앞에 있는 냇물이 크게 불어서 우리도 그냥 되돌아오는 길이라우."

　채찍을 이마에까지 들어 보이며 한 마디 덧붙인다.

　"물 깊이가 이만큼 됩니다. 당신네들 어깨엔 두 날개라도 돋쳤나요?"

　이에 서로 돌아보며 낯빛을 잃고 일단 길 한가운데서 말을 내려섰다. 하지만 위에선 비가 내리고 아래엔 땅이 질펀해서 잠시 쉴 곳조차 없다. 통관과 우리 역관들을 시켜서 물을 살펴보게 하였다. 돌아오더니 "물 높이가 두어 발(두 팔을 벌려 한쪽 손끝에서 다른 쪽 손끝까지의 길이)이나 되어 도리가 없습니다요." 한다. 버드나무 그늘이 촘촘한 데다 바람결이 몹시 서늘하여 하인들의 홑옷이 모두 젖어서 덜덜 떨지 않는 자가 없다.

우여곡절 끝에 가까스로 밀운성에 이르러 숙소를 구하기 시작했다. 밤이 깊어 집집마다 문을 닫아건 탓에, 백 번 천 번 두드리고 소리치고 한 끝에 겨우 나와서 맞이하는 이가 있으니, 소씨蘇氏의 집이었다. 소씨는 이 고을 아전으로 집이 화려하고 사치스럽기가 행궁이나 다름이 없다. 주인은 이미 죽고 열여덟 살 난 아들이 나왔다. 눈매가 맑고 깨끗한 것이 인생의 풍파라곤 조금도 겪지 않은 얼굴이다. 정사가 불러서 청심환 한 알을 주자 무수히 절을 해댄다. 몹시 놀라고 두려워하는 기색이다.

그도 그럴 것이, 막 잠이 들었을 즈음 문을 두드리는 이가 있어 나가 보니, 사람 지껄이는 소리와 말 우는 소리가 시끌벅적한데, 모두 생전 처음 듣는 소리였으리라. 급기야 문을 열자 벌떼처럼 뜰을 가득 메우니, 이게 대체 어디 사람들인가. 이른바 고려인이라곤 난생 처음이니, 안남安南(베트남) 사람인지, 일본·유구琉球(오키나와)·섬라暹羅(태국) 사람인지 분간하지 못했을 것이다. 게다가 뒤집어 쓴 모자는 둥근 테가 몹시 넓어서 머리 위에 검은 우산을 받쳐 든 것 같으니, 이는 처음 보는 것이라 "무슨 갓이 저런가, 이상한지고." 했을 것이며, 입고

162  삶과 문명의 눈부신 비전 열하일기

있는 도포는 소매가 몹시 넓어서 너풀너풀하는 품이 마치 춤을 추는 듯하니, 이 또한 처음 보는 것이라 "무슨 옷이 저런가, 괴이한지고." 했을 것이다. 또 말소리도 '남남', '니니', '각각' 하니 이 역시 처음 듣는 소리라, "무슨 말소리가 저런가, 야릇한지고." 했을 것이다. 처음 본다면 주공의 의관이라도 놀라울 것이거늘, 우리나라 제도처럼 몹시 장황하고 고색창연한 경우야 두말할 나위 없을 것이다.

사신 이하 역관들의 복장, 비장들의 복장, 군뢰들의 복장이 제각각 다르고, 거기다 역졸과 마두 무리는 맨발에 가슴을 풀어 헤쳤으며 얼굴은 햇볕에 그을리고 옷은 다 해져서 엉덩이를 가리지 못한 데다 시끌시끌하게 지껄이며 "예이." 하는 소리를 어찌나 길게 빼는지 이 모두 처음이라, "무슨 예법이 저런가. 이상하고 야릇한지고." 했을 것이다. 아마도 그는 같은 나라 사람이 함께 왔다고는 생각지 못하고, 남만南蠻·북적北狄·동이東夷·서융西戎 등 사방의 오랑캐들이 한꺼번에 들이닥친 줄로 알았을 것이다. 그러니 어찌 놀랍고 떨리지 않으리오.

비록 백주 대낮이라 해도 넋을 잃을 지경이거늘 하물며 때 아닌 밤중임에랴. 비록 깨어 앉았을 때라도 놀라 자빠질 지경이거늘 하물며 잠결에서리오. 산전수전을 다 겪은 여든 살 노인일지라도 벌벌 떨며 까무러치지 않을 수 없을 지경이었을 텐데, 더구나 열여덟 살 약관의 어린 사내였으니.

이 대목도 연암의 관찰력이 돋보이는 부분이다. 보통 이렇게 경황이 없는 순간에는 타인의 입장을 고려하기가 쉽지 않다. 오직 자신의 처지를 돌아보기에만 급급하기 때문이다. 하지만 연암은 그 와중에도 변방의 젊은이가 겪었을 당혹스러움을 세심하게 간파해 낸다. 물 때문에 오도 가도 못하고 숙소를 찾아 헤매는 조선 사신단의 처지도 황망하기 그지없지만, 한밤중 잠결에 느닷없이 불려 나온 젊은 주인 또한 황당무계한 건 마찬가지다. 게다가 난생 처음 보는 이국의 사람들이 떼 지어 들어와선 왁자지껄 떠들어 댔으니 신변의 위협마저 느꼈음 직하다. 연암의 시선은 참으로 역동적이고 입체적이다. 이 절박한 상황에서도 타자의 시선을 놓치지 않았으니 말이다. 그래서 그냥 휙 지나갔을 법한 순간들이 생생하게 클로즈업된다.

아무튼 이리하여 간신히 숙소는 구했건만, 먹을 건 또 어찌 구할지 막막하기 그지없다. 역관이 말했다. 마침 밀운 지현知縣(현의 장관)이 밥 한 동이와 채소·과실 다섯 쟁반, 돼지·양·거위·오리고기 다섯 쟁반, 차·술 다섯 병, 거기다 땔나무와 말먹이까지 보내왔다. 하지만 이걸 받아도 좋은지 몰라 왈가왈부하던 차, 마침 부사와 서장관이 들어와 말한다.

"황제의 명령도 없는데 어찌 받을 수 있겠습니까. 마땅히 돌려보냄이 옳은 줄로 압니다."

그러자 정사도 "그렇겠군." 하고는, 곧 명령을 내려 받을 수 없다는 뜻을 전했다. 그러자 십여 명의 짐꾼들이 찍 소리도 없이 다시 지고

가 버린다. 이참에 서장관이 하인들에게 엄중 단속하였다.

"만일 한 줌의 땔나무나 말먹이라도 받는 날이면 반드시 치도곤을 받을 줄 알아라."

그런데 이 와중에 황제가 보낸 군기대신이 달려왔다. 황제가 조선 사신단을 고대하고 계시니 초아흐렛날 아침까지는 열하에 도착하라는 것이다. 이래저래 상황이 더 급박해진 셈이다.

겨우 숙소로 들어가니 하인들이 여기저기 쓰러져 있다. 심신이 지칠 대로 지친 것이다. 나 또한 몹시 피로하여 잠깐 누웠더니 별안간 온몸이 가려워서 미칠 지경이다. 한 번 긁었더니 굶주린 이들이 덕지덕지하였다. 곧 일어나 옷을 터니, 이들이 후두둑 떨어진다.

"밥이 익었느냐?" 하고 묻자, 시대는 빙그레 웃으며, "애초부터 밥을 짓지도 않은걸요." 한다.

이미 밤이 깊어 장차 닭이 울려고 할 즈음이라 한 그릇의 물이나 한 움큼의 땔나무조차 사올 곳이 없다. 비록 사자 어금니 같은 흰 쌀과 은이 말굽처럼 쌓여 있다 한들 밥을 익힐 도리가 없었다. 거기다 부사의 주방 담당은 이미 낮에 비가 내리기 전에 물을 건넜기 때문에 상방의 건량고乾糧庫 지기인 영돌이 부사와 서장관의 주방을 겸하였다. 허나, 밥을 지을 기약은 아득하기만 했다. 하인들은 모두 춥고 굶주린 나머지 혼수상태에 빠져 버렸다. 나는 그들을 채찍으로 갈겨 깨워 보았지만, 일어났다가는 바로 쓰러져 버린다.

할 수 없이 직접 주방에 들어가 보니 영돌이 홀로 앉아 허공을 쳐다보면서 긴 한숨만 내뿜고 있다. 나머지는 모두 종아리에 고삐를 맨 채 길게 뻗어 코를 골아 댄다. 간신히 수숫대 한 움큼을 얻어서 밥을 지으려 했으나, 한 가마솥의 쌀에 반 통도 못 되는 물을 부었으니 끓을 턱이 없다.

잠시 뒤 밥이라고 받아 보니 물이 아예 쌀에 스며들지도 못하여 쌀인지 밥인지 분간도 안 될 지경이었다. 한 숟갈도 뜨지 못하고 정사와 함께 술을 한 잔씩 마시고는 바로 길을 나섰다.

:: 창대의 수난

엎친 데 덮친 격으로 창대가 백하白河를 건너다 맨발을 말굽에 밟히고 말았다. 말굽철이 깊이 박히는 바람에 쓰리고 아파서 죽을 듯이 신음을 해댄다. 대신 견마잡을 하인도 없어 낭패가 이만저만이 아니었다. 그렇다고 한 걸음도 옮기지 못하는 창대를 중도에 떨어뜨리는 것도 못할 짓이고 해서, 좀 잔인하긴 하나 기어서라도 뒤를 따라오게 하고 직접 고삐를 잡고 성을 나섰다.

사나운 물결이 길을 휩쓸고 간 뒤라 여기저기 깨진 돌들이 송곳니처럼 날카로웠다. 손에 등불 하나를 들었으나, 그나마 세찬 새벽 바람에 훅 꺼져 버렸다. 하여, 다만 동북쪽에서 흘러내리는 한 줄기 별빛만을 바라보며 앞을 향해 나아갔다.

시냇가에 이르니, 물이 많이 빠지긴 했으나 그래도 아직은 말 배꼽에 닿았다. 창대가 춥고 주리고 졸린 데다 발병까지 난 몸으로 이 차디찬 물을 건널 걸 생각하니, 안타깝기 짝이 없었다.

야출고북구기夜出古北口記 만리장성에 담긴 뜻은?

8월 7일 아침, 비가 조금 뿌리다가 곧 개었다.

목가곡穆家谷에서 아침 식사를 하고 남천문南天門을 나섰다. 성은 큰 고개의 마루턱에 있고, 움푹 파인 곳에 문을 냈다. 이름은 신성新城이다. 여기서부터 잇달아 높은 고개를 넘게 되었다. 오르막은 많으나 내리막이 적어지는 걸로 보아 지세가 점차 높아짐을 알겠다. 물살 또한 한층 사나워졌다. 창대가 이곳에 이르러 통증이 한층 심해져 부사의 가마에 매달려 울며불며 매달리고 또 서장관한테도 눈물로 호소했다 한다. 이즈음 내가 먼저 고북하古北河에 이르렀다. 부사와 서장관이 뒤좇아 오더니, 창대의 꼴이 차마 눈뜨고 못 볼 지경이라며 뭔가 구제책을 세워 보라 한다.

"허 참, 도무지 어쩔 도리가 있어야지요."

망연해하고 있는데, 다행히 창대가 엉금엉금 기다시피 하면서 따라왔다. 중간에 말을 얻어 타고 온 모양이다. 주머니를 끌러 돈 200닢과 청심환 다섯 알을 주었다.

"옛다, 이걸로 나귀를 빌려 뒤따라오너라."

:: 혹부리 여인들

창대를 뒤로 하고 계속 전진하여 드디어 강물을 건넜다. 일명 광형하廣硎河라 하는데, 백하의 상류다. 변방에 가까울수록 물살이 한층 거세진다. 수레며 말이며 강을 건너려는 이들이 줄줄이 늘어서서 배를 기다리고 있다. 청나라 제독(사행단 안내를 총괄하는 관리)과 예부낭중郞中이 손수 채찍을 휘두르면서 이미 배에 오른 사람들까지 모조리 내리게 하고는 우리 일행을 먼저 건너게 하였다.

저녁 나절에 석갑성石匣城 밖에서 밥을 지었다. 성의 서쪽에 갑匣처럼 생긴 돌이 있다 하여 역 이름을 '석갑'이라 하였다. 식사가 끝나자마자 바로 길을 나섰다. 벌써 어두워지기 시작했다. 산길은 마치 뱀처럼 구불구불하여 꼬부랑길이 계속 이어졌다.

때마침 대추가 반쯤 익어 마을마다 대추나무로 울타리를 쳤다. 대추나무 밭은 마치 우리나라의 청산, 보은과 같았고, 대추는 모두 한 손에 쥐기 힘들 만큼 컸다. 밤나무 역시 숲을 이루었다. 밤톨이 몹시 자잘하여 우리나라 상주의 것과 비슷했다.

우리 일행을 구경하러 동네마다 사람들이 몰려들었다. 희한하게도, 나이가 지긋한 여인치고 목에 혹이 달리지 않은 이가 없다. 큰 것은 거의 뒤웅박만 하고, 더러는 서너 개가 연달아 달린 경우도 있었다. 열에 일고여덟은 다 그러했다. 처녀들과 젊은 부인들은 분으로 단장을 했으나 목에 달린 뒤웅박만 한 혹을 가릴 수는 없었다. 남자들 중에도 늙은이는 간혹 커다란 혹이 달려 있었다. 옛말에, "진나라에 사는 사람은 이가 누렇고, 험한 곳에 사는 사람은 목에 혹이 달린다. 안읍은 진나라 땅이다. 대추가 잘 되는 곳이라 사람들이 단 것을 많이 먹어서 이빨이 모두 누렇다."고 하였다. 하지만 이곳은 대추나무가 밭을 이루고 있는데도 여인들의 이가 마치 박씨를 쪼개 놓은 듯 희고 고우니 어찌된 영문인지 모를 일이다. 『의방醫方』에 이르기를, "산골짜기의 물이 급하고 거센 까닭에 오래 마시면 혹이 많이 생긴다."고 하였다. 혹이 많은 이유는 험한 곳에 살기 때문이라 해도, 유독 여인네들한테만 많은 건 무슨 까닭인지 모르겠다.

잠시 성안에서 말을 쉬었다. 시장터와 거리가 자못 번화했으나 집집마다 문이 닫혔다. 문밖에는 양각등羊角燈(양의 뿔을 고아서 만든, 투명하고 얇은 갓을 씌운 등)이 달려 있어 별빛과 뒤섞여 반짝이고 있다. 이미 밤이 깊어 두루 돌아다닐 수가 없었다. 술을 사서 조금 마시고는 바로 장성을 나섰다. 어둠 속에 군졸 수백 명이 있었다. 아마 검문을 하기 위해 서 있는 듯싶다.

세 겹의 관문을 나온 뒤, 말에서 내려 장성에 이름을 새기려고 패도를 뽑았다. 벽돌 위의 짙은 이끼를 긁어 내고 붓과 벼루를 주머니 속에서 꺼냈다. 성 밑에 주욱 벌여 놓고 사방을 둘러보았으나 물을 얻을 길이 없었다. 아까 관내에서 잠깐 술을 마실 때 몇 잔을 더 사서 안장에 매달아 두었다. 그걸 모두 쏟아 별빛 아래에서 먹을 갈고, 찬 이슬에 붓을 적셔 크게 여남은 글자를 썼다. 이때는 봄도 아니고 여름도 아니요 겨울도 아닐 뿐 아니라, 아침도 아니고 한낮도 아니요 저녁도 아닌, 곧 금신金神이 제때를 만난 가을철인 데다 막 닭이 울려는 새벽녘이니, 이 모든 것이 어찌 우연이겠는가.

다시 또 한 고개에 올랐다. 초승달은 이미 졌는데, 시냇물 소리는 더욱 요란히 들려온다. 어지러운 봉우리는 음침하기 그지없어, 언덕마다 범이 튀어나올 듯 구석마다 도적이 숨어 있는 듯하다. 때로 긴 바람이 우수수 불어와 머리카락을 시원하게 쓸어 준다. 솟구치는 감회를 누를 길 없어 따로 〈밤에 고북구를 나서며(夜出古北口記)〉를 썼다.

## :: 밤에 고북구를 나서며
### (夜出古北口記)

 연경에서 열하로 갈 제, 창평昌平으로 길을 잡으면 서북쪽으로 해서 거용관居庸關으로 나오고, 밀운密雲으로 길을 잡으면 동북쪽으로 해서 고북구로 나온다. 고북구로부터 장성을 따라 동쪽으로 산해관까지가 700리, 서쪽으로 거용관까지가 280리다. 거용관과 산해관의 중간에 위치한 장성 가운데 험하기로는 고북구만 한 요새가 없다. 몽고가 드나드는 목구멍격이 되므로 겹겹의 관문을 만들어 험준한 요새를 누르고 있는 것이다.

 대개 장성을 빙 둘러서 '구'라고 일컫는 데가 백여 곳을 헤아린다. 산을 따라 성을 쌓았는데, 깎아지른 듯한 골짜기와 깊은 계곡이 아가리를 벌리고 있다. 물에 부딪쳐 구멍이라도 뚫리면 성을 쌓을 수 없기 때문에 정장亭鄣(요새처럼 만들어 사람들의 출입을 검열하는 곳)을 설치했다. 명나라 홍무洪武(명 태조의 연호) 연간에 그곳을 지키기 위해 1천 호를 두어 다섯 겹으로 닫아걸었다.

고북구는 북경과 열하를 잇는 매우 중요한 요충지였다. 도대체 이 험준한 산 능선을 따라 어떻게 장성을 쌓았을까? 춘추전국 시대에 제후국들이 제각기 쌓은 장성을 하나로 이은 건 진나라의 시황제부터다. 이후 만리장성이 현재의 위용을 갖춘 것은 명나라 때였다. 북방 오랑캐의 일원이 었던 만주족이 청을 일으켜 중원을 접수한 뒤, 그들은 또 다른 북방 오랑캐인 몽고의 침입에 대비해야만 했다.

나는 무령산霧靈山을 따라 배를 타고 광형하를 건너 밤에 고북구를 빠져나왔다. 때는 바야흐로 야삼경, 겹겹의 관문을 나와 장성 아래 말을 세웠다. 높이를 헤아려 보니 10여 길이나 된다. 붓과 벼루를 꺼낸 뒤, 술을 부어 먹을 갈았다. 장성을 어루만지면서 벽 한 귀퉁이에 이렇게 썼다.

"건륭 45년 경자 8월 7일 야삼경, 조선의 박지원, 이곳을 지나노라." 이내 크게 웃으면서 말했다.

"내 한낱 서생일 뿐이로구나. 머리가 희끗희끗해져서야 비로소 장성 밖을 나가게 되다니."

아, 슬프다! 여기는 예로부터 수많은 전쟁이 벌어진 곳이다. 여진이 요나라를 멸망시킬 때 희윤希尹이 요나라 군사를 대파한 곳도 여기였으며, 연경을 취할 때 포현蒲莧이 송나라 군사를 패퇴시킨 곳도 여기였으며, 원나라 문종이 즉위하자 당기세唐其勢가 군사를 주둔시킨 곳도 여기였으며, 살돈撒敦이 상도上都 군사를 추격한 곳도 여기였다. 몽고인 독견첩목아禿堅帖木兒가 쳐들어오자 원나라 태자가 흥송興松으로 달아날 때도 이 관문을 통과했으며, 명나라 가정嘉靖 연간에 엄답俺答이 수도 북경을 침범할 제도 모두 이 관문을 통과하였다. 그토록 길이 날뛰며 싸우던 전쟁터건만 지금은 온 천하가 태평하여 군대를 일으키지 않고 있다. 오히려 사방으로 산이 둘러싸고 있어 수많은 골짜기들이 쓸쓸하고 적막하기만 하다.

때마침 상현이라 달이 고개에 드리워 떨어지려 한다. 그 빛이 싸늘하게 벼려져 마치 숫돌에 갈아 놓은 칼날 같았다. 마침내 달이 고개 너머로 떨어지자, 뾰족한 두 끝을 드러내면서 갑자기 시뻘건 불처럼 변했다. 마치 횃불 두 개가 산에서 나오는 것 같았다. 북두칠성의 자루 부분은 반쯤 관문 안쪽으로 꽂혔다. 벌레 소리가 사방에서 일어나고 긴 바람이 싸늘하다. 숲과 골짜기가 함께 운다. 짐승같이 가파른 산과 귀신같이 음산한 봉우리들은 창과 방패를 벌여 놓은 듯하고, 두 산 사이에서 쏟아지는 강물은 사납게 울부짖어 철갑으로 무장한 말들이 날뛰며 쇠북을 울리는 듯하다. 하늘 저편에서 학 울음소리가 대여섯 차례 들려온다. 맑게 울리는 것이 마치 피리 소리가 길게 퍼지는 듯하다. 누군가 말했다. "고니 소리네."

:: 원혼들에 대한 비가悲歌

고북구는 같은 장성이라 해도 산해관의 '천하제일관'과는 또 다르다. 요동벌판이야 조선과 인접한 곳이라 오랑캐땅이라고는 해도 어느 정도 친숙함이 있지만, 북방 오랑캐땅은 그렇지 않았다. 거기는 실로 미지의 영역이자 공포의 대지였다.

생각해 보면, 삶이란 참 얼마나 우연투성이인지. 한양을 떠날 때만 해도 여행의 목표는 연경이었다. 연암으로선 연경을 유람하는 것만으로도 충분히 가슴 벅찬 일이었다. 헌데, 이제 느닷없이 동북방의 요새지 열하로 가게 되다니. 연암으로선 압록강을 건널 때 못지않은 두려움과 설레임을 느꼈을 터이다. 게다가 조선인으로선 처음 거기에 발을 들여놓는다는 사실 때문이었을까. 잠고문에 굶주림까지 겹친 무리한 여정으로 몸이 지칠 대로 지친 상태건만 연암은 뭐라 형용하기 어려운 감회에 휩싸였다.

대개 만리장성엘 오르면 마치 용이 서린 듯한 장대한 규모에 압도되어 제국의 위엄을 실감하게 마련이다. 하지만 연암은 그렇지 않았다. 오히려 그 반대였다. 고북구 장성에 오르는 순간 뭐랄까 제국의 화려한 권위 뒤에 숨겨진 두려움과 나약함, 혹은 역사의 무상함 같은 것이 엄습해 왔다. 대체 오랑캐가 뭐기에, 아니 오랑캐가 얼마나 무서웠기에 이토록 어마어마한 장성을 축조했단 말인가? 또 이걸 쌓기 위해 얼마나 많은 희생을 치렀을 것인가? 벽돌 하나, 관문 하나마다에 서린 인민들의 피와 땀을 생각하면 등이 서늘할 지경이었다. 더욱 어이없는 건 장성이 세워진 뒤에도 전쟁은 결코 그치지 않았다는 사실이다. 진나라 이후부터 송, 원, 명에 이르기까지 북방 오랑캐들은 쉬지 않고 중원을 공략하였다. 그리고 그 모든 싸움은 이 고북구 장성을 사이에 두고 벌어졌다. 만리장성이 적을 막기는커녕 적들의 진입로가 되어 버린 것이다. 오, 이 역사의 아이러니!

그러니 이곳에 얼마나 많은 전쟁의 원혼들이 떠돌고 있을 것인가. 상현이라 달빛마저 스러진 야삼경, 연암에게 숲과 골짜기, 절벽과 봉우리는 전쟁터의 형상으로, 벌레가 울부짖고 강물이 내달리는 소리는 비명에 스러져 간 무명전사들의 울부짖음으로 다가왔다. 말하자면, 그 순간 연암은 전쟁터의 원혼들과 깊은 교감을 나눈 것이다. 그리고 담담한 어조로 그것을 기록했을 뿐이다.

20세기 초 『연암집』을 펴낸 창강滄江 김택영金澤榮은 이 글을 『삼국사기』의 〈온달전〉과 더불어 오천 년래 최고의 문장이라고 평하였다. 그러한 찬사의 근거가 무엇인지 지금의 우리로선 가늠하기 어렵다. 분명한 건 이 글에 내용으로 환원될 수 없는 뭔가 독특한 운율과 정서가 흐른다는 사실이다. 어찌 보면, 그것은 연암의 것이라기보다 장성에 깃든 원혼들이 연암을 통해 말을 건넨 것인지도 모른다. 아무런 명분도, 이유도 없이 처참하게 죽어 간 자신들을 잊지 말아 달라고. 또 부디 허망하고 부질없는 전쟁일랑은 집어치우라고.

글을 마치고도 그날의 감흥은 쉽게 가라앉지 않았던가 보다. 연암은 특별히 후지後識(덧달기)를 남겨 그 여운을 갈무리하였다.

『열하일기』는 연암이 세상을 떠나고 그 아들대에도 간행되지 못했고, 손자 박규수가 우의정까지 지냈어도 간행할 엄두를 내지 못했던 그야말로 '문제작'이었다. 1900년에 이르러서야 마침내 창강 김택영에 의해 『연암집』이 간행되고, 이듬해 『연암속집』이 나왔다. 연암은 연경에서 돌아온 뒤, 초고를 조금씩 손보아 몇 권의 책으로 만들었지만, 이것은 정식으로 간행된 문집이 아니었다. 하지만 이미 항간에는 수많은 필사본이 나돌았고, 그중 하나가 정조의 손에도 들어갔다. 지금까지 남아 전하는 한글 필사본 『열하일기』는 명지대 소장본이 유일한 것이었으나, 2006년에 명지대본의 17배 분량의 한글 필사본(오른쪽)이 발견되었다.

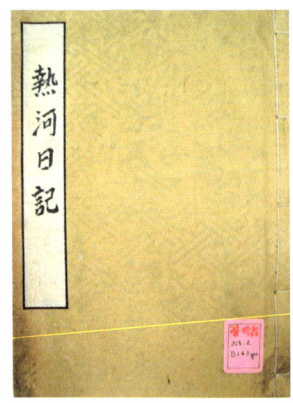 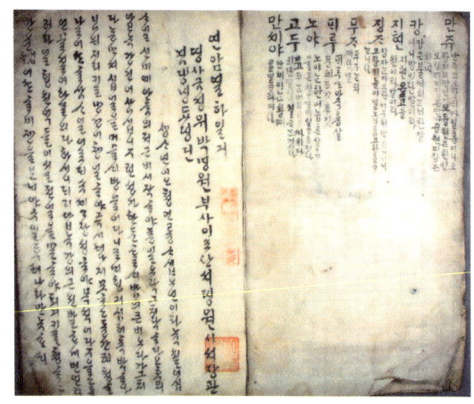

::  덧달기

   우리나라 선비들은 태어나서 늙고 병들어 죽을 때까지 조선 땅을 벗어나지 못하는 신세다. 근래 선배 중에 오직 노가재 김창업과 나의 벗 담헌 홍대용만이 연경 땅을 밟았을 뿐이다. 내가 이번 여행을 특히 장하게 여기는 점은 만리장성 밖으로 나와서 북쪽 변방에 이른 것이니, 이는 선배들도 일찍이 겪지 못했던 일이다. 하지만 깊은 밤에 소경처럼 걷고 꿈결처럼 지나다 보니 아쉽게도 산천의 형세와 관방의 기세를 제대로 다 보질 못했다.

   때마침 어슴푸레한 달빛이 비스듬히 비추고 있었다. 관문 안쪽의 양쪽 벼랑은 깎아지른 듯 백 길 높이로 우뚝 섰고, 길은 그 사이에 있었다. 나는 어려서부터 담이 작고 겁이 많아 대낮에 빈방에 들어가거나 밤에 침침한 등불을 만나기라도 할 양이면 언제나 머리털이 쭈뼛하고 심장이 쿵쿵 뛰곤 했다. 올해 내 나이 마흔네 살이지만 무서움을 타는 성질은 어릴 때와 같다. 지금 깊은 밤에 나홀로 만리장성 아래 서 있자니, 달은 떨어지고 강물은 울며 바람은 처량하고 반딧불은 허공을 날아다닌다. 마주치는 모든 경계마다 놀랍고 두려우며 기이하기 짝이 없다. 그럼에도 홀연 두려운 마음이 없어지고 특이한 흥취가 왕성하게 일어나 공산公山의 초병草兵(팔공산八公山에 서 있는 풀까지도 군사로 보였다는 부견의 고사)이나 북평北平의 호석虎石(한나라 이광李廣이 우북평右北平의 바위를 범으로 보고 활을 쏘았다는 고사)이라도 나를 놀라게 하지 못할 정도다. 이 점, 내 스스로 더더욱 장하게 여기는 바이다.

한스러운 건 붓이 가늘고 먹이 말라 글자를 서까래만큼 크게 쓰지도 못하는 데다, 시를 지어 장성의 고사도 만들어 내지 못했다는 점이다. 조선으로 돌아가면 고을에선 다투어 몰려와 술을 주고받으며 열하에 대해 물을 것이다. 그러면 이 기록을 꺼내 놓고 머리를 모아 한번 읽으면서 책상을 치며 이렇게 외쳐 보리라. "기이하구나! 참, 기이하구나!"

chapter 06

# 일야구도하기 一夜九渡河記
내 이제야 도를 알았도다!

:: 말(馬)에 대한 깊은 성찰

고북구 장성을 나와 다시 물가에 다다랐다. 길은 끊어지고, 물은 아득히 넓어서 막막하기 그지없었다. 다만 너덧 개의 허물어진 집들이 물을 의지하여 서 있을 뿐이었다. 청나라 제독이 달려가 말에서 내려 손수 문을 두드렸다. 수백 번 호통을 치고 나서야, 주인은 겨우 얼굴을 내민다. 몸값을 올리려는 수작이다. 그러고는 문 앞에서 곧장 물 건너는 법을 가르쳐 준다. 돈 500닢으로 그를 고용하였다. 정사의 가마를 인도하게 하여 마침내 물을 건넜다.

강이 어찌나 험하고 구불구불한지 무려 아홉 번이나 건너고 나서야 겨우 물을 벗어날 수 있었다. 돌에 이끼가 끼어서 몹시 미끄러운 데다 물이 말의 배까지 넘실거리는 바람에 다리를 옹송그리고 두 발을 모은 채, 한 손으론 고삐를 잡고 또 한 손으론 안장을 꽉 잡았다. 끌어 주는 이도, 부축해 주는 이도 없건만 그래도 떨어지지 않는다. 내 이에 비로소 말을 다루는 데도 도(道)가 있음을 깨달았다.

대저 우리나라의 말 다루는 방법은 한마디로 위태롭기 짝이 없다. 옷소매는 넓고 소매 끝에 드리운 한삼 역시 긴 탓에 두 손이 휘감겨 고삐를 잡거나 채찍을 휘두를라치면 몹시 거추장스러운 것이 첫 번째 위태로움이다.

형편이 그렇다 보니 부득이 다른 사람으로 하여금 견마를 잡히게 되어 온 나라의 말이 졸지에 병신이 되어 버린다. 이에 고삐를 잡은 자가 항상 말의 한쪽 눈을 가려서 말이 자유롭게 달릴 수 없음이 두 번째 위태로움이다.

말이 길에 나서면 그 신중하고 조심함이 사람보다 더하다. 그럼에도 사람과 말이 서로 마음이 통하지 않는 까닭에 마부는 자신이 편한 땅을 디디고 말은 늘 구석진 곳으로 몰아넣는다. 그러다 보니 말이 피하려는 데는 굳이 디디게 하고, 말이 디디고 싶어하는 데는 강제로 밀어붙여 피하게 한다. 그러므로 말이 거칠게 치받는 것은 다름이 아니라 평소 늘 사람에 대한 노여움을 품고 있기 때문이다. 이것이 세 번째 위태로움이다.

말이 한쪽 눈은 사람에게 가려진 데다, 나머지 한 눈으로는 사람의 눈치를 살피기 바빠서 온전히 길만 보고 걷지를 못하니 툭하면 넘어지기 일쑤다. 이것은 결코 말의 허물이 아니다. 그런데도 그럴 때마다 채찍을 함부로 내리치니 이것이 네 번째 위태로움이다.

우리나라의 안장과 뱃대끈은 워낙 둔탁하고 무거운 데다 끈과 띠가 마구 뒤엉켜 있다. 이미 등에 한 사람을 실었는데, 입에 또 한 사람을 매달았으니, 이는 한 필의 말이 두 필의 힘을 쓰는 격이라 힘에 겨

위서 쓰러지곤 한다. 이것이 다섯 번째 위태로움이다.

사람이 몸을 쓰는 것도 오른편이 왼편보다 나은 걸 보면 말 역시 그러할 것이다. 그런데도 아무 생각 없이 말의 오른편 귀를 후려갈기곤 한다. 그러면 말이 아픔을 참을 수 없어 목을 비틀어서 사람과 함께 옆으로 걸으면서 채찍을 피하려고 한다. 그런데도 사람들은 그것을 사납고도 날랜 자태라 하여 기뻐해 마지않는다. 하지만 그건 절대 말의 본심이 아니다. 이것이 여섯 번째 위태로움이다.

말이 늘상 채찍을 받다 보니 유독 오른편 다리가 심하게 아플 수밖에 없다. 그럼에도 안장에 걸터앉을 때, 견마잡이가 갑자기 채찍을 휘두르면 말이 몸을 뒤척여서 사람을 떨어뜨리게 된다. 그럴 때마다 말을 꾸짖어 대지만, 이 역시 말의 본의가 아니다. 이것이 일곱 번째 위태로움이다.

문무를 막론하고 벼슬이 높으면 반드시 왼쪽으로 견마를 잡히니 이건 또 무슨 경우인지. 오른쪽 견마도 좋지 않거늘 하물며 왼쪽이며, 짧은 고삐도 불가한데 하물며 긴 고삐이겠는가. 사사로운 집안을 출입할 시에는 혹 위의를 갖출 법도 하나, 임금을 모시는 신하로서 다섯 길이나 되는 긴 고삐로써 위엄을 보이려 하는 건 대체 뭐하는 짓인지. 이는 문관도 불가한데 하물며 진영으로 나아가는 무장이야 더 말해 뭣하겠는가. 이거야말로 이른바 '스스로 얽매일 줄을 찬다'는 격이니 이것이 여덟 번째 위태로움이다.

무장이 입는 옷을 철릭이라 하는데 군복이 곧 그것이다. 세상에 어

연암의 날카로운 눈썰미와 관찰력, 못 말리는 구경벽의 그물에 걸려든 것은 청나라의 앞선 문물제도만이 아니었다. 야삼경에 고북구를 빠져 나와 또다시 물가에 이르러, 견마잡이 창대도 없고 오직 말에 의지해 자신의 목숨을 걸고 물을 건너는 순간, 연암은 말과 하나가 되어 버린다. 말이 되어 보지 않고서야 그 위태로운 순간에 어찌 말이 겪는 어려움을 그토록 상세히 짚어 낼 수 있겠는가.

찌 명색이 군복이면서 소매가 중의 장삼처럼 넓단 말인가. 이제 이 여덟 가지 위태로움이 모두 넓은 소매와 긴 한삼 때문이거늘, 오히려 이러한 위태로움 속에서 편안히 지내려 하다니, 실로 어처구니가 없다.

아아, 슬프구나. 설사 백락伯樂(중국 고사에 나오는 말을 잘 부리는 명인)으로 하여금 오른편에 견마 잡히고, 조보造父(주나라 목왕 때의 전설적인 말몰이꾼)로 하여금 왼편을 따르게 한들 이 여덟 가지의 위태로움에 직면한다면 비록 여덟 필의 준마가 있다 해도 반드시 죽고 말 것이다.

옛날 이일李鎰(임진왜란 때의 명장)이 상주에서 진을 칠 때 멀리 수풀 사이로 연기가 오르는 것을 보고는 군관 한 사람을 시켜 가 보라 하였다. 그 군관이 좌우로 쌍견雙牽을 잡히고는 어깨를 들썩이며 가는데, 갑자기 다리 밑에서 왜병 둘이 내달아 칼로 말의 배를 벤 뒤, 군관의 목을 따 가버렸다. 서애 유성룡 공은 어진 정승이다. 그가 『징비록懲毖錄』을 지을 때, 이 일을 기록하면서 웃음거리로 삼았다. 그런데도 이 황당한 습속을 고치지 못하였으니, 심하구나, 습속의 고치기 어려움이여.

::  위태로움에 대하여

　내가 이 깊은 밤에 이 물을 건너는 것은 천하의 지극히 위태로운 일이다. 그러나 나는 말을 믿고 말은 제 발을 믿고 발은 땅을 믿으니 견마 잡히지 않는 효과가 이와 같구나.
　함께 가던 수역이 주부한테 말했다.
　"옛사람이 위태로운 것을 말할 제, '소경이 애꾸말을 타고 한밤중에 깊은 물가에 섰는 것'이라 했지요. 실로 오늘 밤 우리가 그 꼴이구려."
　내가 이렇게 대꾸했다.
　"그것도 맞는 말이긴 하나, 위태로움을 제대로 아는 거라고 하긴 어렵소."
　"어째서 그렇단 말씀이오?"
　"소경을 보는 자는 눈 있는 사람이라 소경을 보고 스스로 그 마음에 위태로이 여기는 것이지, 결코 소경 자신이 위태로움을 느끼는 게 아니라오. 소경의 눈에는 위태로운 바가 보이지 않는데, 대체 뭐가 위태롭단 말이오?"

여기도 연암의 날카로운 안목이 돋보이는 대목이다. 말에서 시작된 통찰은 여기 이르러 또 다른 국면으로 접어든다. 그렇다! 사람들은 대개 눈에 보이는 것만을 기준으로 삼는다. 그것으로 마음속에 망상을 짓고는 스스로 두려움에 휩싸이곤 한다. 그래서 정작 물가에 서있는 소경 자신은 태연한데, 그걸 보는 사람들이 벌벌 떨곤 한다. 자신이 쳐 놓은 망상의 그물에 걸려든 탓이다. 그럼, 이때 위태로움이란 바깥에 있는 것인가, 아니면 안에 있는 것인가? 안에 있다고도 할 수 있고, 바깥에 있다고도 할 수 있다. 사실 많은 경우, 안과 밖의 경계가 그렇게 선명하지 않다. 시각조차도 그다지 믿을 게 못 된다. 눈에 보이는 것이 전부가 아니라는 뜻이다. 아울러 보이는 것과 보이지 않는 것 사이의 경계 역시 끊임없이 달라진다.

연암의 사유는 이런 식으로 계속해서 뻗어 나간다. 그리고 일단 질문이 시작되면 결코 놓치는 법이 없다. 말 위에서건 물 속에서건. 그 생생한 증거가 〈하룻밤에 아홉 번 강을 건너다(一夜九渡河記)〉이다.

## :: 하룻밤에 아홉 번 강을 건너다
### (一夜九渡河記)

물은 두 산 틈에서 나와 돌과 부딪쳐 으르렁거린다. 그 솟구치는 파도와 성난 물결과 슬퍼하며 원망하는 여울이 놀라 부딪치고 휘감아 거꾸러지면서 울부짖는 듯, 포효하는 듯, 고함을 내지르는 듯, 사뭇 만리장성을 깨뜨릴 기세다. 1만 대의 전차, 1만 명의 전투기병, 1만 문의 대포, 1만 개의 전고戰鼓로도 우르릉쾅쾅 무너뜨려 짓누르고 압도하는 듯한 물소리를 형용해 내기엔 부족하다.

모래벌 위 거대한 바위는 한쪽에 우뚝 서 있다. 강둑의 버드나무 숲은 어둑하여 강의 정령들이 여기저기 뛰어다니며 사람들에게 장난을 거는 듯하고, 양옆에선 교룡(길이가 한 길이나 되고 발이 넷 달린, 뱀처럼 생긴 상상의 동물)과 이무기가 사람들을 물속으로 끌어들이려는 듯하다.

어떤 이는 이렇게 말한다. "여기가 옛날 전쟁터라서 강물이 저렇게 우는 거야." 아니다. 그렇지 않다! 강물 소리는 어떻게 듣느냐에 따라 전혀 다르게 들린다.

　내 집은 깊은 산속에 있다. 문 앞에는 큰 시내가 있는데, 매번 여름철 큰비가 한 번 지나고 나면 물이 급작스레 불어나 항상 수레와 기병, 대포와 북이 울리듯 굉장한 소리를 낸다. 그걸 자주 듣다 보니 마침내 귀에 큰 재앙이 되어 버렸다. 내 일찍이 문을 닫고 누워서 이 소리들을 비교하며 들어 본 적이 있었다.

　깊은 소나무 숲이 퉁소 소리를 내는 듯한 건 청아한 마음으로 들은 탓이요, 산이 갈라지고 언덕이 무너지는 듯한 건 성난 마음으로 들은 탓이요, 개구리떼가 다투어 우는 듯한 건 교만한 마음으로 들은 탓이다. 만 개의 축筑(열세 줄의 현악기)이 번갈아 소리를 내는 듯한 건 분노한 마음으로 들은 탓이요, 천둥이 날고 우레가 번쩍이는 듯한 건 놀란 마음으로 들은 탓이요, 찻물이 보글보글 끓는 듯한 건 흥취 있는 마음으로 들은 탓이요, 거문고가 우조로 울리는 듯한 건 슬픈 마음으로 들은 탓이요, 한지를 바른 창에 바람이 우는 듯한 건 의심하는 마음으로 들은 탓이다. 이는 모두 바른 마음으로 듣지 못하고 이미 가슴속에 자신이 만들어 놓은 소리를 가지고 귀로 들은 것일 뿐이다.

　지금 나는 깊은 밤에 강 하나를 아홉 번이나 건넜다. 강은 새외塞外(변방)로부터 나와서 장성을 뚫고 유하楡河와 조하潮河, 황화黃花, 진천鎭川 등의 여러 물과 만난 뒤, 밀운성 밑을 거쳐 백하가 된다. 어제 배로 백하를 건넜는데 이곳은 그 하류 지역이다.

내가 아직 요동에 들어오기 전엔 바야흐로 한여름이었다. 뜨거운 태양 속을 가다가 홀연 큰 강이 앞에 닥치면, 붉은 물결이 산처럼 솟구치는데 그 끝이 보이지 않았다. 놀랍게도 천리 밖에서 폭우가 쏟아진 때문이란다. 이렇게 험한 물을 건널 제면, 사람들은 모두 머리를 쳐들고 하늘만 바라보았다. 나는 그들이 머리를 들고 묵묵히 하늘에 기도를 올리는 것이라 여겼다. 헌데, 나중에 알고 보니 그게 아니었다. 소용돌이치면서 세차게 흘러가는 강물을 바라보노라면 몸은 물을 거슬러 올라가는 듯하고 눈은 물결을 따라 내려가는 듯하여 어질어질한 것이 금방이라도 물로 빨려 들어갈 듯 현기증이 일어난다. 그러니, 사람들이 머리를 쳐들고 있는 건 하늘에 기도를 올리는 게 아니라 숫제 눈을 돌려 물을 쳐다보지 않으려는 것이다. 하긴, 그 와중에 잠깐 동안의 목숨을 위하여 기도할 틈이 어디 있겠는가. 이토록 위험한데도 사람들은 모두들 이렇게 말한다.

"요동벌판은 평평하고 넓기 때문에 강물이 절대 성난 소리로 울지 않아".

모르는 소리! 요하遼河는 울지 않은 적이 없었으나 다만 밤에 건너지 않았을 뿐이다. 낮에는 강물을 볼 수 있어 벌벌 떠느라 눈이 있다는 걸 근심으로 여긴다. 그러니 어찌 귀에 들리는 게 있겠는가. 지금 나는 한밤중에 강을 건너느라 눈으로 위험한 것을 볼 수 없다. 그러니 위험은 오로지 듣는 것에만 쏠리고, 그 바람에 귀는 두려워 떨며 근심을 이기지 못한다.

내 이제야 도를 알았도다! 명심冥心(깊고 지극한 마음)이 있는 사람은 귀와 눈이 마음의 누累가 되지 않고, 귀와 눈만을 믿는 자는 보고 듣는 것이 더욱 잘달아져서 갈수록 병이 된다. 지금 내 마부가 말에 밟혀서 뒷 수레에 실려 온다. 그래서 결국 말의 재갈을 풀어 주고 강물에 떠서 무릎을 구부려 안장 위에 발을 올리곤 옹송거리고 앉았다. 한번 떨어지면 강물이다. 그땐 물을 땅이라 생각하고, 물을 옷이라 생각하고, 물을 내 몸이라 생각하고, 물을 내 마음이라 생각하리라. 그렇게 한번 떨어질 각오를 하자 마침내 내 귀에는 강물 소리가 들리지 않았다. 무릇 아홉 번이나 강을 건넜건만 아무 근심 없이 궤석几席(안석과 돗자리)에서 앉았다 누웠다 하며 생활하는 것 같았다.

옛날 우임금이 강을 건너는데 황룡이 배를 등에 짊어져서 몹시 위험한 지경이었다. 그러나 삶과 죽음에 대한 판단이 먼저 마음속에서 뚜렷해지자 용이든 지렁이든 눈앞에서 크고 작은 것을 따질 게 없었다. 소리와 빛은 외물이다. 외물은 언제나 귀와 눈에 누가 되어 사람들로 하여금 바른 길을 잃어버리게 하는 것이 이와 같다. 하물며 사람이 세상을 살아갈 제, 그 험난하고 위험하기가 강물보다 더 심하여 보고 듣는 것이 병통이 됨에 있어서랴.

내 사는 산속으로 돌아가 다시 앞 시냇물 소리를 들으면서 그것을 되새겨 볼 것이다. 이에 몸가짐에 재빠르고 자신의 총명함만을 믿는 사람들을 경계하는 바이다.

:: 마음의 행로

　언제 읽어도 멋지고 아름다운 문장이다. 하룻밤에 아홉 번이나 강을 건너는 대모험, 물소리에 대한 현란한 묘사, 거기다 인생살이에 대한 깊은 통찰력까지. 여행기가 지닐 수 있는 모든 미덕을 두루 갖추고 있는 글이다. 비단 물소리만 그렇겠는가. 우리가 일상적으로 겪는 갖가지 소음들 역시 마음에 따라 수없이 다르게 변주된다.

　그렇다고 해서 이 글을 '모든 게 마음먹기에 달렸다'는 식으로 해석하는 건 곤란하다. 연암이 그날 밤 '절체절명'의 위기 속에서 깨달은 건 마음과 대상 사이의 분별심이 사라질 때 '자유의 새로운 공간'이 열린다는 사실이었다. 잠깐만 삐끗해도 목숨이 위태로운 아슬아슬한 순간, 그때 만약 삶에 집착하게 되면 강물은 공포의 대상이 될 뿐이다. 대상과 주체 사이에 선명한 경계가 그어지기 때문이다. 그 경계에 갇혀 있는 한 공포는 더더욱 커지게 되고, 그와 동시에 몸은 뻣뻣하게 굳어 버리고 만다. 그리고 그 순간 물과 나 사이에는 화해할 수 없는 관계가 형성된다. 따라서 이런 적대적 관계로부터 해방되려면 무엇보다 대상과 주체 사이의 경계를 허물어야 한다. 먼저 나에 대한 집착, 곧 아상我相을 버려야 한다.

명심冥心이 바로 그것이다. '어두운 마음'이란 사사로운 집착을 다 놓아 버린 상태를 뜻한다. 그리 되면 당연히 나 아닌 외물에 대한 고정된 상도 버릴 수 있다. 그리고 바로 그때 나와 대상이 하나로 융합되면서, 나도 아니고 외물도 아닌 '활연관통豁然貫通'의 경지로 진입하게 된다. 이 글의 클라이막스, "물을 땅이라 생각하고, 물을 옷이라 생각하고, 물을 내 몸이라 생각하고, 물을 내 마음이라 생각하리라."는 대목은 바로 그런 의미이다. 물이 옷이 되고, 물이 몸이 되고, 물이 마음이 되는 경지, 그것이 곧 연암이 말하는 '도道'다.

그러니 이게 그저 마음만 잘 먹는다고 해서 될 문제겠는가. 삶과 죽음에 대한 초연한 태도, 몸과 우주, 그 상생의 이치에 대한 확고한 믿음, 그리고 어떤 상황에서건 느긋함을 잃지 않는 낙관주의 등이 두루 결합할 때만이 가능한 일이다. 요컨대, 목숨이 오락가락하는 위험한 순간에도 존재와 삶에 대한 통찰을 놓치지 않는 것, 이것이 바로 연암의 공부법이다. 그에 비하면, 조금만 힘들거나 바빠도 생각의 끈을 확 놓아 버리는 우리들의 공부법은 얼마나 초라하고 빈곤한 것인지.

:: 마침내 열하!

8월 8일 새벽에 반간방半間房(지명)에서 밥을 지어 먹고, 삼간방三間房(지명)에서 잠깐 쉬었다. 가끔 산기슭에 화려한 사당과 절 들이 있는데, 개중에는 아흔아홉 층 백탑도 보인다. 차츰 열하에 가까워지니 사방에서 조공행렬이 모여들기 시작하였다. 수레·말·낙타 등이 밤낮으로 끊이지 않고 쿵쿵거려서 마치 비바람 몰아치듯 울려 댄다. 별안간, 창대가 말 앞에 나타나 절을 한다. 오, 이렇게 기쁘고 반가울 데가!

"이놈아! 대체 어떻게 쫓아온 거냐?"

"아유, 말도 마십시오, 나리."

놈이 저 혼자 낙오되었을 제, 고개 위에서 울고불고하고 있자니, 부사와 서장관이 그 측은한 꼴을 보고는 말을 멈추었다. 주방 담당자한테, "혹시 짐이 가벼운 수레가 있어 저놈을 태울 수 있겠느냐?" 하고 물었으나, 하인들이 "없소이다." 하자 그저 안쓰러운 표정으로 지나가 버렸다. 다시 청나라 제독의 행차가 이를 즈음, 더욱 서럽게 울부짖으

일야구도하기一夜九渡河記 내 이제야 도를 알았도다!

니, 제독이 말에서 내려 따뜻하게 위로하고는 잠시 멈춰 서서 지나가는 수레를 세내어 타고 오게 해주었다. 어제는 입맛이 없어 영 먹지를 못하자 제독이 친히 먹기를 권했다고 한다. 오늘은 제독 자신이 그 수레를 타고 자기의 나귀를 창대에게 주어 타고 가게 했다. 이에 다행히 따라올 수 있었다는 것이다.

"나귀가 어찌나 날래던지 귓가에 바람소리가 휙휙 일 지경이었습니다요."

"그럼, 그 나귀는 어디다 두었느냐?"

"제독이 저한테 당부하기를, '네가 먼저 타고 가 공자公子(연암을 말함)를 따르되 만약 길에서 내리고 싶거든 지나가는 수레 뒤에 나귀를 매어 두거라. 그러면 내가 뒤에 가면서 찾을 테니 조금도 걱정할 것 없다.' 했습죠. 그리하여 삽시간에 50리를 달려 고개 위에 이르니 수레 수천 대가 지나가기에 나귀에서 내려 맨 뒤에 있는 수레 끝에 매어 놓았습니다. 차부가 묻기에 멀리 고개 남쪽 길을 가리켜 보였더니 웃으면서 고개를 끄덕이던걸요."

제독의 마음씀이 참으로 고맙기 짝이 없다. 그의 벼슬은 정4품 중헌대부中憲大夫에 나이는 이미 예순에 가까웠다. 변방의 일개 천한 마부를 위하여 이토록 자상하게 마음을 써 주다니, 비록 우리 일행을 보호하는 것이 그의 직책이긴 하나, 그 처신의 소박함과 직무에 충실함이 가히 대국의 풍모를 엿볼 만하다. 창대의 발병이 조금 나아서 견마를 잡힐 수 있게 된 것 또한 다행한 일이 아닐 수 없다.

삼도량三道粱에서 잠깐 쉬고 합라하哈喇河를 건너 황혼 무렵에 큰 재 하나를 넘었다. 조공 행차가 앞다투어 달려간다. 서장관과 고삐를 나란히 하여 가는데, 깊은 계곡에서 갑자기 두세 마디 범의 으르렁거리는 소리가 들려온다. 그러자, 동시에 모든 수레가 길을 멈추고서 함께 고함을 치니, 소리가 천지를 진동할 듯하다. 아아, 굉장하구나!

길에 나와 자세히 살펴보니 사방으로부터 공물을 바치는 수레가 만 대는 될 듯하다. 또 사람들이 지고 낙타에 싣고 가마에 태워 가는 그 형세가 마치 비바람 치듯 하였다. 들것에 메고 가는 건 아주 정교하여 손상되기 쉬운 것들이라 하였다. 말이나 노새 예닐곱 마리씩 수레 한 대를 끌게 하였다. 가마 위에는 황색 작은 깃발에 모두 '진공進貢'이란 글자를 써서 꽂았다. 진공품들은 모두 겉에는 붉은 빛 담요와 갖가지 빛깔의 모직, 대삿자리, 등나무 자리로 감쌌다. 모두 옥으로 만든 기물들이라 한다.

날이 저물자 수레들이 길을 다투어 재촉하기 시작했다. 햇불이 마주 비치고 방울 소리는 땅을 흔들며 채찍소리가 벌판을 울린다. 호랑이와 표범 우리를 실은 수레가 10여 대나 되었다. 우리마다 모두 창문이 있고, 크기는 범 한 마리를 겨우 넣을 정도였다. 호랑이들은 모두 쇠사슬로 목을 맸는데, 눈빛이 푸른 듯도 하고 누른 듯도 한 것이 섬광처럼 날카로웠다. 바닥에 뒹굴고 있는 몸뚱이는 늑대같이 날렵하기 이를 데 없고, 기름진 털에 꼬리는 삽살개 같았다. 그 외에도 곰, 여우, 사슴 등 야생동물들이 헤아릴 수 없이 많았다. 사슴 중에도 붉은 굴레를 씌워 말을 끌고 가듯 하는 것이 있었다. 길들인 사슴이라고 한다. 악라사鄂羅斯라는 개는 키가 거의 말만 하다. 온몸의 뼈는 가늘고 털이 짧다. 날래고 용감한 것이 우뚝 서면 정강이는 학처럼 야위었고, 꼬리는 뱀처럼 감아돌며, 허리와 배는 아주 가늘다. 귀에서 주둥이까지 한 자 가웃은 되는데 이 부분이 모두 입이다. 용맹하기 이를 데 없어 호랑이나 표범도 쫓아가 죽일 수 있다고 한다. 큰 닭이 있는데, 모양은 낙타와 같고 키는 서너 자나 된다. 발은 낙타 발굽 같은데 날개를 치면서 하루에 300리를 간다고 한다. 이것을 타계駝鷄(타조)라고 부른다.

:: 잠과 꿈의 '사이'

 열하까지 오느라 자그마치 온 나흘 밤낮을 눈을 붙이지 못하였다. 무박나흘! 그러다 보니, 하인들이 가다가 발을 멈추면 모두 서서 조는 것이었다. 나 역시 졸음을 이길 수 없어, 눈시울은 구름장을 드리운 듯 무겁고 하품은 조수가 밀려오듯 쉴 새 없이 쏟아진다. 눈을 뻔히 뜨고 사물을 보긴 하나, 금세 기이한 꿈에 잠겨 버린다. 옆 사람한테 '말에서 떨어질라, 조심해라' 하고 일깨워 주면서, 정작 내 몸은 안장에서 스르르 옆으로 기울어지곤 한다. 포근포근 잠이 엉기고 아롱아롱 꿈이 깊어갈 제는 천상의 즐거움이 그 사이에 스며 있는 듯 달콤하기 그지없었다. 혹은 하늘로 솟구칠 듯 머릿속이 맑아져서, 그 묘한 경지는 견줄 바가 없었다. 이른바 '취리醉裏의 건곤'이요, '몽중夢中의 산하'였다.

 바야흐로 가을 매미 소리가 가느다란 실오리처럼 울려 퍼지고, 공중에선 꽃들이 어지럽게 떨어진다. 깊고 그윽하기는 도교의 내관內觀(명상)과 같고, 놀라서 깨어날 때는 선가의 돈오頓悟(깨달음)와 다름이 없다. 여든한 가지 장애(불교에서 중생이 깨달음을 얻기 위해 겪어야 하는 81가지 고난)가 순식간에 걷히고, 사백네 가지 병(불교에서 인간이 겪게 되는 404가지 병)이 잠깐 사이에 지나간다. 이런 때엔, 비록 추녀가 높은 고대광실에 한 자나 되는 큰상을 받고 아리따운 시녀 수백 명이 시중을 든다 해도, 차지도 덥지도 않은 온돌방에서 높지도 낮지도 않은 베개를 베고, 두껍지도 얇지도 않은 이불을 덮고, 깊지도 얕지도 않은 술잔을 받으면서, 장주莊周(장자의 본명)도 호접도 아닌 그 사이에서 노니는 재미와는 결코 바꾸지 않으리라.

달콤한 잠의 유혹을 이기지 못하여 나는 길가에 서 있는 돌을 가리키며 이렇게 맹세하였다.

"내 장차 우리 연암 산중에 돌아가면, 일천 일 하고 하루를 더 자서 옛 희이 선생(송나라 때의 도사. 한번 잠들면 천 일씩 잤다고 함)보다 하루를 이길 것이다. 만약 이 약속을 어길 양이면, 내 결단코 너와 같이 돌이 되고 말 테다."

꾸벅, 하며 깨어나니, 이 또한 꿈이었다. 창대도 가면서 뭐라 뭐라 떠들어 대기에, 나 역시 주거니 받거니 하다가 가만히 살펴보니, 잠꼬대가 그토록 생생하였다. 창대는 여러 날 동안 주린 데다 추위에 시달리느라 학질에 걸린 듯 인사불성이었다.

밤은 이미 이경(밤 9시~11시) 즈음. 마침 수역과 동행했는데, 그의 마부 역시 오한에다 크게 앓고 있어서 둘 다 말에서 내렸다. 다행히 앞 참이 불과 5리밖에 남지 않았다기에 병든 두 마부를 말에 실었다.

피서산장(위)은 강희제 대에 짓기 시작해 약 90년이 지난 건륭제 대에 완공되었다. 중국 강남의 수려한 경치를 본떠 인공적으로 조성한 행궁 원림이다. 겉으론 피서를 빙자한 황제의 여름 별장이었지만, 실제로는 북방 기마민족을 방비하고자 그 길목을 틀어막은 전략적 거점에 해당한다. 현판(아래)은 강희제의 친필이다.

그런 다음, 흰 담요를 꺼내어 창대의 온몸을 둘러싸고는 띠로 꼭꼭 묶은 뒤, 수역의 마두더러 부축하여 앞장서 가게 하였다. 그런 다음, 수역과 더불어 걸어서 참에 이르니, 밤이 이미 깊었다.

행궁이 있고 여염과 시전이 극히 번화하였으나, 그 참의 이름은 잊어버렸다. 아마 화유구樺楡溝인 듯싶다. 객점에 이르니 곧 밥상을 내왔다. 허나, 심신이 이루 말할 수 없이 피로하여, 수저는 천 근이나 되는 듯하고, 혀는 백 근이나 되는 듯하여 움직이기조차 힘들다. 상에 가득한 나물이나 구이 요리가 모두 잠 아닌 것이 없을뿐더러, 촛불마저 아롱아롱 무지개처럼 뻗쳐 광채가 사방으로 퍼지곤 한다. 청심환 한 개로 소주와 바꾸어 마시니, 캬! 술맛이 기가 막히다. 마시자마자 곧 취하여 나도 모르게 스르르 베개를 끌어당겼다.

chapter 07

# 상기 象記

코끼리를 통해 본 우주의 비의

:: 상방 탐방기

열하는 과연 열광의 도가니였다. 몽고, 토번吐蕃(티베트), 이슬람 등 연암이 난생 처음 보는 종족과 책으로만 접했던 기이한 동물들, 그리고 천하에 보기 드문 진기한 보물들이 다 그리로 흘러들어 왔다. 궁중에선 만수절 축하 행사가 화려하게 펼쳐지고, 저잣거리에선 상상을 뛰어넘는 장관들이 넘쳐났다. 그 감동을 연암은 이렇게 표현하였다. "참으로 내 평생 열하에 있을 때만큼 기이한 구경을 한 적이 없었다!" 코끼리와의 마주침은 그 중에서도 아주 특별한 사건이었다.

물론 이때가 초면은 아니었다. 첫 만남은 연경에서 이루어졌다. 잠깐 시간을 되돌려 그때의 이야기를 들어보도록 하자.

연경에 도착하자마자 다음날 선무문宣武門 안에 있는 상방象房으로 달려갔다. 코끼리 우리는 서성西城 북쪽 담장 아래에 있었다. 코끼리 80여 마리가 그 안에 있었다. 거대한 몸집에 특이한 생김새 하며 과연 신기하기 짝이 없었다. 조련사가 와서 코끼리에 대해 이것저것 들려준다.

코끼리들은 큰 조회 때 오문午門에서 의장으로 서기도 하고, 황제가 타는 가마와 노부鹵簿(임금이 거둥할 때의 의장)에 쓰이기도 한다. 그리고 다른 관리들과 마찬가지로 몇 품의 녹봉도 받는다. 조회 때 백관이 오문으로 다 들어오고 나면, 코끼리들이 코를 마주 엇대고 떡 버티고 서 있는다. 그러면 아무도 마음대로 출입할 수가 없다. 당번을 맡은 코끼리가 병이 나서 의장으로 서지 못할 때가 있다. 그때 억지로 다른 코끼리를 끌어내려 하면 말을 영 들으려 하지 않는다. 하지만 조련사가 병난 코끼리를 끌어다 보여 주면 그제야 따른다고 한다. 코끼리가 물건을 부수거나 사람을 상하게 하는 따위의 죄를 범하면 황제의 칙명으로 매를 친다. 그러면 엎드린 채 매를 다 맞고 나서는 사람들과 똑같이 머리를 조아리고 사죄를 올리는 시늉을 한다. 죄를 진 코끼리는 봉급이 깎이는 건 물론이고, 격리된 공간에서 따로 지내야 한다.

조련사에게 부채와 환약 한 알을 주고 코끼리 재주를 한번 시켜 보라 했다. 그러자 이 작자가 보수가 적다며 부채 한 자루를 더 부른다.

"당장 가진 건 없고, 이따가 더 가져다 줄 테니 일단 시켜 보시게."

조련사가 코끼리에게 다가가 구슬렸으나 코끼리는 눈웃음을 치면서 절대 할 수 없다는 시늉을 한다. 할 수 없이 수행원을 시켜 조련사에게 돈을 더 주었다. 코끼리는 한참 동안 눈을 흘겨보더니, 조련사가 돈을 세어 주머니 속에 넣는 것을 보고서야 승낙한다. 허 참, 눈치가

연암이 〈상기〉에서 묘사한 그대로 코끼리를 그리면 과연 어떤 모양이 될까? 지금처럼 동물원에서 코끼리를 볼 수 없던 때였으니, 코끼리의 형상은 연암뿐 아니라 당시 사람들의 상상력을 자극하기에 충분했을 것이다. 인성과 물성은 같으며, 심지어 물성이 인성보다 더 낫다고 목청을 높이는 연암의 사유는 코끼리와 접속하는 순간, 만물의 이치에 대한 깊은 통찰로까지 뻗어 나갔다. 사진의 코끼리 석상은 피서산장 외곽의 외팔묘(티베트 불교 사원)에 있는 것이다.

장난이 아니다. 그러고는 시키지도 않는데 알아서 여러 가지 재주를 부린다. 머리를 조아리며 두 앞발을 꿇기도 하고, 코를 흔들면서 퉁소 불듯 휘파람도 불고, 또 둥둥 북소리를 내기도 한다.

대체로 코끼리의 묘한 재주는 코와 어금니에 있다. 예전에 코끼리 그림을 볼 적에 두 이빨이 곧추 뻗어 있어 마치 뭔가를 찌를 듯하여 코는 늘어지고 이는 뻐드러진 줄 알았는데, 이제 보니 그렇지 않았다. 이빨도 다 아래로 드리워져 막대기를 짚은 듯했고, 갑자기 앞으로 향할 때는 환도를 잡은 듯하며, 갑자기 마주 볼 때는 '예乂' 자 같이도 보여 그 용법이 한두 가지가 아니었다. 『사기』에 보면, 당 명황 시절 코끼리 춤이 있었다는 말이 나온다. 코끼리 춤이라니, 그게 말이 되나 싶었는데, 이제 보니 전혀 얼토당토않은 일은 아니지 싶다. 사람의 뜻을 잘 알아듣기론 코끼리만 한 짐승이 없다. 저 정도면 춤이라도 얼마든지 가르칠 수 있을 듯하다. 심지어 이런 말도 전해진다. "숭정崇禎(명나라 마지막 왕 의종의 연호) 말년에 이자성이 북경을 함락시킨 다음, 코끼리 우리를 지나갈 때에 뭇코끼리들이 눈물을 흘리면서 아무것도 먹지를 않았다."

코끼리는 꼴은 둔해 보여도 성질은 슬기롭고, 눈매는 간사해 보여도 얼굴은 덕스러웠다. 코끼리는 새끼를 배면 다섯 해 만에 낳는다고도 하고, 혹은 열두 해 만에 낳는다고도 한다. 해마다 삼복날이면 금의위錦衣衛 관교들이 휘장을 거느리고 쇠북을 울리면서 코끼리를 이끌어 선무문 밖으로 나와 못에 가서 목욕을 시킨다. 이럴 때는 구경꾼이 늘 수만 명이나 된다고 한다.

연암만큼 동물에 대한 호기심과 애정이 각별한 이도 드물다. 소나 말처럼 익숙한 동물들은 물론, 낙타나 범, 코끼리 같은 야생동물에 대한 관심은 거의 '마니아' 수준이다. 여행 중에도 동물이 있는 곳이라면, 만사 제치고 달려가서 요모조모 뜯어보고, 온갖 정보를 상세히 기록해 두곤 했다. 더 중요한 것은 동물들을 단지 객관적으로 관찰만 한 것이 아니라, 그들과 깊은 교감을 나누었다는 사실이다. 그런 까닭에 연암과 동물이 만나는 장면은 마치 영화 〈E.T.〉에서 주인공 꼬마와 이티가 손가락으로 접속하는 장면이 연상될 정도로 짜릿하다.

열하에서 코끼리를 만났을 때가 바로 그랬다. 하루는 코끼리 두 마리가 행궁 서쪽에서 어디론가 가고 있는 것을 목격했다. 순간, 연암의 발은 얼어붙었다. 오호! 연경에서 본 코끼리는 모두 쇠사슬로 발을 묶어 놓아 움직이는 모양은 볼 수가 없었다. 그런데, 지금 이 두 마리는 두 귀를 펄럭이고 거대한 몸집을 흔들면서 어디론가 가고 있지 않은가. 반쯤 넋을 잃고 그 행보를 따라가노라니 연암의 머릿속에는 수많은 상념들이 스쳐 지나갔다. '한 가지를 들으면 열 가지를 눈앞에 그려 보고, 열 가지를 보면 백 가지를 마음속에 설정해' 보는 못 말리는 기질이 발동한 것이다.

208　삶과 문명의 눈부신 비전 열하일기

:: 코끼리의 형상, 코끼리의 힘

 그때 연암에게 가장 먼저 떠오른 장면은 엉뚱하게도 동해 바다였다. 예전에 새벽에 동해 바닷가를 지나다가 파도 위에 말이 서 있는 듯한 것을 본 적이 있다. 그 형상이 무수히 많았는데 모두 집채만큼 컸다. 물고기인 듯 육지의 동물인 듯 도무지 정체를 알 수가 없었다. 해가 뜬 다음에 자세히 보려고 했으나 해가 떠오르기도 전에 스르륵 바닷속으로 잠겨 버렸다. 헛것을 본 건가. 순간, 눈앞이 아찔했던 기억이 있다. 이제 열 걸음 밖에서 코끼리를 보는 순간, 웬일인지 동해 바닷가에서 보았던 그 장면이 연암의 뇌리를 스쳐 지나갔다. 거대한 몸집에 커다란 귀를 나부끼며 걸어가는 모양이 그때의 아련한 분위기를 연상시킨 탓인가 보다.
 연암이 보기에 코끼리의 생김새는 신기하기 짝이 없다.

 소의 몸뚱이에 나귀의 꼬리, 낙타 무릎에 호랑이 발, 짧은 털, 회색빛, 어진 표정, 슬픈 소리를 가졌다. 귀는 구름을 드리운 듯하고 눈은 초승달 같으며, 두 개의 어금니 크기는 두 아름이나 되고 키는 1장丈(약 3미터) 남짓이나 된다. 코는 어금니보다 길어서 자벌레처럼 구부렸다 폈다 할 수 있으며 또 굼벵이처럼 구부러지기도 한다. 코끝은 누에 끄트머리 같은데 물건을 족집게처럼 집어서 둘둘 말아 입속에 집어넣는다. 어떤 사람은 코를 부리라 여기고는 다시 코를 찾는다. 코가 이렇게 생겼을 줄은 생각지도 못하는 것이다.

어떤 사람은 코끼리의 다리가 다섯 개라 하고, 어떤 사람은 코끼리의 눈이 쥐와 같다고 하지만 이는 무엇보다 관심이 코와 어금니 사이에 집중된 탓이다. 몸뚱이 중에서 가장 작은 부분을 보다 보니 엉뚱한 오해가 생긴 것이다. 대체로 코끼리 눈은 매우 가늘어서 간사한 인간이 아양을 떨 때의 모양과 비슷하다. 하지만 그건 전적으로 오해다. 코끼리의 어진 성품은 어디까지나 눈에 있기 때문이다.

정말로 그렇다. 코끼리는 성품이 어질기로 유명하다. 어질면서 또 지혜롭기까지 하다. 부처님이 가장 아끼는 동물이 코끼리인 것도 그 때문이다. 그래서 우리는 코끼리가 얼마나 힘이 센 동물인지를 잘 모른다. 덩치는 크지만 초식동물이니 힘이 세 봤자 얼마나 세랴 싶은 것이다. 하지만 그건 정말 오산이다.

강희황제 때였다. 남해자南海子(북경 숭문문 남쪽에 있는 동물원으로 황제의 사냥터이기도 했다)에 사나운 범 두 마리가 있었다. 오랫동안 길

들일 수가 없게 되자 황제가 노하여 범을 상방으로 몰아넣어 버렸다. 코끼리가 깜짝 놀라 코를 한 번 휘두르자 범 두 마리가 그 자리에서 즉사했다. 코끼리는 다만 범의 냄새가 싫어 코를 한 번 휘둘렀을 뿐인데, 뜻하지 않게 그 코에 맞아 죽어 버린 것이다.

세상에! 얼마나 힘이 세면, 범 두 마리를 한 방에 보낸단 말인가. 그것도 실수로 휘두른 펀치에. 옆으로 새는 이야기지만, '동물의 왕국'에서 건기가 되면 코끼리 떼가 오아시스를 찾아 초원을 이동한다. 신기하게도 코끼리 무리의 제왕만이 오아시스의 지도를 기억하고 있다고 한다. 그럴 때면, 다른 초식동물들은 말할 것도 없고, 사자나 표범 같은 야수들도 멀찌감치 떨어져서 졸졸 따라간다. 하지만 명색이 포식동물임에도 감히 코끼리한테 덤비는 건 엄두도 내지 못한다. 기껏해야 아기 코끼리를 공략하는 게 전부인데, 코끼리 떼의 우애와 협동심은 상상을 초월하는 수준이다. 아기 코끼리를 사방에서 엄호할 뿐더러, 무리 중의 하나가 다치기라도 하면 절대 그냥 버리고 가지 않는다. 여럿이 힘을 합쳐 앞에서 끌고 뒤에서 밀면서 끝까지 함께 간다. 힘만 센 게 아니라, 품성에서도 가히 '초원의 제왕'이라 할 만하다.

다시 연암의 이야기로 돌아가 보면, 연암의 상념은 이렇게 꼬리에 꼬리를 물고 이어지면서 어느덧 우주적 차원으로 비약하기 시작한다. 다음이 〈상기象記〉의 대단원에 해당하는 대목이다.

:: 하늘이 코끼리를 낸 뜻은?

아, 사람들은 사물 중에 터럭만큼 작은 것이라도 하늘에서 그 근거를 찾는다. 그러나 하늘이 어찌 하나하나 명령을 해서 냈겠는가. 하늘이란 것이 실로 오묘하기 짝이 없어 형체로 말한다면 천天이요, 성정으로 말한다면 건乾이며, 주재하는 것으로 말하자면 상제上帝요, 오묘한 작용으로 말하자면 신神이라 한다. 하지만 사람들은 이 변화무쌍함을 간단한 원리로 정리해 버린다. 즉, 이理와 기氣를 화로와 풀무로 삼고, 뿌리는 것과 품부稟賦(선천적으로 타고남)하는 것을 조물로 삼아, 하늘을 마치 정교한 공장으로 보면서 망치·도끼·끌·칼 등으로 조금도 쉬지 않고 일을 한다는 식으로. 그러므로 『역경易經』에 이르기를, "하늘이 초매草昧를 만들었다."고 하였다. 초매란 것은 그 빛이 검고 그 모양은 흙비가 내리는 듯하여, 비유하자면 새벽이 되었지만 아직 동이 트지는 않은 때와 같아서 사람이나 사물이 뒤엉켜 있는 혼돈 그 자체를 말한다. 나는 알지 못하겠다. 캄캄하고 흙비 자욱한 속에서 하늘이 만들어 낸 것이 과연 무엇이었는지. 국수집에서 보리를 갈면 작거나 크거나 가늘거나 굵거나 할 것 없이 마구 뒤섞여 바닥에 쏟아진다. 무릇 맷돌의 작용이란 도는 것뿐이니, 가루가 가늘거나 굵거나 간에 거기에 무슨 의도가 있었겠는가.

그런데도 사람들은 "뿔이 있는 놈에게는 이빨을 주지 않았다."고 말한다. 사물을 만들면서 빠뜨린 게 있는 듯 여기는 건 또 뭔가. 그래서 나는 감히 묻는다.

"이빨을 준 건 누구인가?"

사람들은 이렇게 답하리라.

"하늘이 주었지."

다시 묻는다.

"하늘이 이빨을 준 까닭은 무엇 때문인가?"

"하늘이 그것으로 사물을 씹도록 한 것이다."

"사물을 씹도록 한 것은 무엇 때문인가?"

"그게 바로 이치입니다. 짐승들은 손이 없으므로 반드시 그 주둥이를 구부려 땅에 대고 먹을 것을 구하지요. 그러므로 학의 정강이가 높으면 부득이 목이 길어야만 합니다. 그래도 여전히 간혹 땅에 닿지 못할까 염려하여 부리를 길게 만들었습니다. 만일 닭의 다리를 학과 같게 하였다면 뜨락에서 굶어 죽었을 겁니다."

나는 크게 웃으면서 다시 말하리라.

"그대들이 말하는 이치란 것은 소·말·닭·개에게나 맞을 뿐이다. 하늘이 이빨을 준 것이 반드시 구부려서 사물을 씹도록 한 것이라면,

지금 저 코끼리는 쓸데없는 어금니를 만들어 준 탓에 땅으로 고개를 숙이면 어금니가 먼저 닿는다. 이른바 사물을 씹는 것에 오히려 방해가 되는 게 아닌가?"

그러면 어떤 사람은 이렇게 말할 것이다.

"그건 코가 있기 때문이지."

"긴 어금니를 주고서 코를 핑계로 댈 양이면, 차라리 어금니를 없애고 코를 짧게 하는 게 낫지 않은가?"

그러면 더 이상 우기지 못하고 슬며시 무릎을 꿇고 만다. 우리가 배운 것이라고는 생각이 소·말·닭·개 정도에 미칠 뿐, 용·봉·거북·기린 같은 짐승에게까지는 미치지 못한다. 코끼리가 범을 만나면 코로 때려죽이니 그 코야말로 천하무적이다. 그러나 쥐를 만나면 코를 둘 데가 없어서 하늘을 우러러 멍하니 서 있을 뿐이다. 그렇다고 쥐가 범보다 무서운 존재라 말한다면 조금 전에 말한바 이치에 어긋나고 만다.

대저 코끼리는 오히려 눈에 보이는 것인데도 그 이치를 모르는 것이 이와 같다. 하물며 천하 사물이 코끼리보다 만 배나 더한 것임에랴. 그러므로 성인이 『역경』을 지을 때 '코끼리 상象' 자를 취하여 지은 것도 만물의 변화를 궁구하려는 뜻이었으리라.

∷ 차이를 사유하라!

　연암의 '코끼리 철학', 〈상기〉는 이렇게 하여 탄생되었다. 이를테면, 코끼리 두 마리가 연암으로 하여금 '우주의 비의秘義'를 사유하도록 이끈 셈이다. '우주의 비의'라 하면 거창해 보이지만, 연암이 말하고자 했던 건 지극히 단순하다. 우주의 변화는 실로 무상한 것이어서 하나의 단일한 척도로 수렴되지 않는다는 것. 닭이나 개를 보고 산출된 가치는 닭이나 개에게만 적용될 뿐, 그것을 용이나 거북에게까지 적용하려고 들면 바로 탈이 난다. 즉, 아무런 의미가 없거나 아니면 억지로 끼워 맞추려는 '동일성의 폭력'이 자행되기 때문이다. '동일성의 폭력'이란 단 하나의 기준에 의거하여 차이들을 완전 무시해 버리는 사고방식을 말한다. 그럴 때 그 기준은 그저 하나의 기준이 아니라, 모든 가치들을 압도하는 초월적 지위를 획득한다. 우리 시대의 경우, '자본'이라는 단 하나의 척도로 인간의 가치와 행복을 다 재단해 버리는 것이 바로 거기에 해당한다.

　연암은 이런 식의 사유가 얼마나 문제적인지를 일깨우기 위해 다른 글에서 이런 예를 들고 있다.

> 본 것이 적은 자는 해오라기를 기준으로 까마귀를 비웃고 오리를 기준으로 학을 위태롭다고 여긴다. 그 사물들 각각은 아무 문제가 없는데도 자기 혼자 화를 낸다. 한 가지 일이라도 자기 생각과 같지 않으면 만물을 모조리 모함하려 드는 습성 때문이다. 하지만 저 까마귀를 한번 보라. 그 깃털보다 더 검은 것이 없건만 홀연 우윳빛이 번지기도 하고 다시 녹색빛을 반짝이기도 하며, 해가 비추면 자줏빛이 튀어올라 눈이 어른거리다가 비췻빛으로 바뀐다. 그렇다면 내가 그 새를 '푸른 까마귀'라 불러도 되고, 혹은 '붉은 까마귀'라 불러도 될 것이다. 그 새에게는 본래 일정한 빛깔이 없거늘, 사람이 눈으로써 먼저 그 빛깔을 정한 것이다. 어찌 단지 눈으로만 정했으리오. 보지 않고서 먼저 그 마음으로 정해 버린 것이다. 거기다 까마귀를 검은색으로 고정 짓는 것만으로도 부족하여 또다시 까마귀로써 천하의 모든 색을 묶어 두려 한다. 까마귀가 과연 검기는 하지만, 누가 다시 이른바 푸른빛과 붉은빛이 그 검은 빛깔 안에 들어 있을 줄 짐작이나 하겠는가.
>
> ―〈능양시집서菱洋詩集序〉

연암이 코끼리를 특히 편애(?)하는 것은 이렇게 좁고 편협한 세계 안에서 구축된 세계상을 와해시켜 버리기 때문이다. 〈상기〉 말고도 연암의 문집에는 코끼리에 대한 짧은 에세이가 또 하나 있다. 거기에서는 코끼리의 형상과 행태를 이렇게 묘사했다.

코끼리는 서면 집채만 하고 걸음은 비바람같이 빠르며, 귀는 구름
이 드리운 듯하고, 눈은 초승달과 비슷하며, 발가락 사이에 진흙이 봉
분같이 붙어 있어, 개미가 그 속에 있으면서 비가 오는지 살펴보고서
기어나와 장을 보는데, 이놈이 두 눈을 부릅뜨고 보아도 코끼리를 보
지 못하는 것은 어인 일인가? 보이는 바가 너무 멀기 때문이다. 또 코
끼리가 한 눈을 찡긋하고 보아도 개미를 보지 못하니, 이는 보이는 바
가 너무 가까운 탓이다. 만약 안목이 좀 큰 사람으로 하여금 다시 백
리 밖에서 바라보게 한다면, 어둑어둑 가물가물 아무것도 보이는 바
가 없을 것이니, 어찌 고라니와 파리, 개미와 코끼리를 구별할 수 있겠
는가? 또 코끼리는 범을 쉽게 때려눕히지만, 쥐를 만나면 어쩔 줄을
모른다. 그렇다고 쥐가 범보다 더 무섭다고 할 수는 없는 노릇 아닌가.

— 〈아무에게 답함答某〉, 『연암집』

그렇다면 그의 결론은? 간단하다. 이 모든 것을 단숨에 묶어 버리
는 단일한 가치는 없다는 것. 다만 어떤 특별한 인연조건이 있을 뿐
이다. 코끼리가 범을 만났을 때, 그리고 코끼리가 쥐를 만났을 때, 또
쥐가 범을 만났을 때, 이것들은 전혀 다른 조건이자 관계망일 뿐이
다. 이 조건들 사이에는 각기 다른 방식의 가치와 기준들이 작동한
다. 그리고 그것들 상호 간에는 어떤 위계나 명분도 존재하지 않는다.
이 차이와 간극을 포착할 수 있을 때, 서로 다르게 작동하는 가치들

을 능동적으로 구성할 수 있을 때, 그때 우리는 비로소 천지만물의 변화무쌍한 흐름과 접속할 수 있을 터이다. 연암이 보기엔 그것이 곧 우주의 이치를 탐구한 『역경』의 원리이다. 덧붙이면, 『역경』에선 사상四象이 팔괘八卦를 낳고 팔괘가 육십사괘를 낳는데, 이 육십사괘 안에 천지만물의 모든 변화상이 다 들어 있다고 본다.

:: 덧달기 – 지전설

연암은 열하에서 마침내 중국의 선비들과 조우한다. 왕민호, 윤가전, 기풍액, 추사시 등이 그들이다. 성경에서 장사치들과 밤샘 필담을 나누었듯이, 열하에서도 엿새 동안 이들과 더불어 깊은 친교를 나눈다. 마침내 여행을 떠나면서 마음속에 품고 있던 온갖 고담준론을 아낌없이 펼치게 된 것이다. 대표적인 것이 왕민호와 주고받은 「곡정필담鵠汀筆談」이다. 「곡정필담」 후기에 보면 이런 대목이 나온다.

내가 곡정과 필담한 것이 제일 많았다. 엿새 동안 창문을 마주하고 밤을 새워 가면서 이야기를 나누었으므로 편안하게 할 수 있었다. 그는 진실로 굉유宏儒(뛰어난 학자)요 괴걸魁傑(재주가 빼어난 사람)이었다. 그러나 그의 말은 종횡으로 엇갈리고 반복이 중언부언 많았다. 내가 한양을 떠나서 8일째 되는 날 황주黃州에 이르렀을 때였다. 말 위에서 혼자 이런 생각을 했다.

"내 원래 학식이 없으니, 중국에 들어가 만일 큰 선비를 만난다면 장차 어떤 질문으로 애를 먹여 볼까."

그래서 결국 옛날에 들었던 얘기 중에서 '지전설地轉說'이라든가 '월세계月世界' 이야기를 찾아내고는 매양 말고삐를 잡고 안장 위에 앉은 채 졸면서도 수십만 마디의 말을 풀어내서, 가슴속에 글자 없는 글을 쓰고 하늘에 소리 없는 글을 읽어 가면서 하루에도 몇 권 분량의 말을 만들어 낼 수 있었다. 말은 비록 황당무계하지만 이치는 역시 따라 붙일 만했다. 그러나 말을 타는 것은 갈수록 힘들어서 붓과 벼루를 들 사이가 없었다. 기발한 생각도 하룻밤만 지나면 사충沙蟲과 원학猿鶴처럼 변해 버리는 것을 면치 못하다가도(『포박자抱朴子』에 나오는 말로, 전란에서 죽은 장졸을 비유), 이튿날 다시 높은 산을 쳐다보면 뜻밖의 기이한 봉우리가 떠오르기도 하고 바람을 따라 돛이 포개었다가 펴졌다 하면서 생각이 떠올랐다. 이야말로 먼 길에 좋은 길동무가 되고 먼 여행에 지극한 즐거움이 되어 주었다.

「태학유관록太學留館錄」에 나오는 8월 13일의 기록을 보면 문제의 대목이 나온다. 앞부분은 어이없는 해프닝이고 후반부가 기풍액을 상대로 도도하게 지전설을 펼치는 대목이다. 둘은 서로 무관한 에피소드지만 곰곰이 음미해 보면 서로 상통하는 면도 없지 않다.

사신이 만수절 축하례에 참석하기 위하여 대궐로 들어갔다. 나는 푹 자고 느지막이 일어나 천천히 걸어서 대궐 밑에 이르렀다. 사람들이 누런 보자기로 싼 일곱 개의 짐보따리를 궐문 앞에 둔 채 쉬고 있었다. 보따리 안에는 옥으로 만든 그릇과 골동품이 담겨 있고, 또 보통 사람만 한 커다란 금부처 한 구가 들어 있다. 모두 호부상서 화신이 진상하는 물품이라고 한다.

이날도 음식을 세 차례나 내리고, 또 사신에게 백자로 만든 차 항아리 하나, 찻잔과 받침대 한 벌, 실로 엮은 빈랑 주머니 하나, 칼 한 자루, 자양차가 담긴 주석 항아리 하나씩을 주었다. 저녁에는 어린 환관이 네모난 주석 항아리 하나를 또 선사하였다. 전달하자마자 환관은 쌩하니 가 버린다. 누런 비단으로 항아리 입구를 봉했다. 마개를 풀어 보니 빛이 누런 듯 붉은 것이 술 같았다. 서장관이 "이게 바로 황봉주黃封酒(임금이 하사한 술)인가 보네." 한다. 맛이 달고 향기가 좋으나 전혀 술 같지가 않았다. 다 따르고 나자 여지 몇 알이 떠오른다. 한 잔씩 마시곤, 다들 술맛이 좋다고 한마디씩 한다. 비장과 역관들 중 술을 마실 줄 모르는 자들은 한 잔도 입에 대지 않았다. 크게 취할까 봐 그런 것이다. 통관들이 목을 길게 뽑으며 침을 흘려 대니 수역이 나머지 몇 모금을 얻어다 주었다. 서로 나눠 마시고는 역시 궁중 술맛이 다르다며 탄복해 마지않는다. 그러더니 모두들 서로 돌아보며, "어, 취하는걸." 한다.

이날 기풍액이 명륜당으로 산보를 하는데 한 사람이 대야를 들고 뒤를 따랐다. 기풍액은 선 채로 낯을 씻은 뒤 수건으로 닦고 다시 걸어가다가 멀리서 나를 보고는, "박 공!" 하고 부른다. 바로 쫓아갔더니 "아까 황제가 하사한 누런 비단으로 봉한 것, 맛 좀 봅시다." 한다. 즉시 돌아와서 병을 기울여 보니 한 잔쯤 남았기에 들고 갔다. 기풍액이 맛을 보더니 크게 웃었다.

"이것은 술이 아니라 여지즙입니다. 여지는 나무에서 떨어져 하루가 지나면 바로 향기와 빛깔이 변해서 만분의 일도 성하질 못합니다. 설령 꿀에 담가 두어도 열에 아홉은 빛과 맛이 변하기 십상이지요. 처음 나무에서 땄을 때는, 입이 열이고 손이 열 개라도 그 맛을 이루 형용하기 어렵지요. 저도 종종 하사받은 적이 있습니다. 실은 어제도 받았고요."

그러면서 한 잔을 따르더니 소주 대여섯 잔에 타서 내게 권한다. 한 잔을 마셔 보니, 맑은 향기가 입에 가득하여 달고 시원하기가 비할 데 없었다. 그럼, 조금 전에 우리 일행들이 꿀물을 마시고 향내가 좋다고 말한 것이나 여지즙을 맛보고 취한다고 말한 건 대체 뭐란 말인가? 이거야말로 종소리를 듣고서 해를 측량하거나(태양이 구리쟁반처럼 생겼다는 말을 들은 장님이 구리쟁반을 두드려 보고는 해가 소리를 낸다고 믿고, 뒷날 종소리를 듣고서 태양인 양 짐작했다는 고사) 매실을 쳐다보고 갈증을 푸는(『삼국지연의』에 나오는 조조曹操의 고사. 행군 중 군사들이 갈증을 느끼자 조조가 저 고개를 넘으면 매실나무가 있다고 말하여 군사들이 그 말에 입에 침이 돌아 갈증을 풂) 격이 아닌가.

이날 밤 달빛이 유난히 밝았다. 기 공과 함께 명륜당으로 나가 난간 아래를 거닐었다. 나는 달을 가리키면서 물었다.

"달의 몸체는 항상 둥근데 햇빛을 빙 둘러 받기 때문에 땅에서 보면 달이 찼다가 기울었다 하는 것이 아닐까요. 오늘밤 온 세상 사람들이 일제히 달을 본다면, 보는 장소에 따라 달이 살찌기도 하고 여위기도 하며, 깊기도 하고 옅기도 하지 않을까요. 별이 달보다 크고 해가 땅보다 큰데도, 보기엔 그렇지 않은 이유는 멀고 가까운 차이 때문이 아닐까요. 만약 그것이 참이라면, 해와 땅과 달은 모두 허공에 나란히 둥둥 떠 있는 별이라 할 수 있을 겁니다. 별에서 땅을 볼 때에도 또한 그렇게 보일 테지요. 결국 이 땅과 해와 달이 서로 꿴 듯이 이어져 세 별이 반짝반짝 빛나는 것이 저 삼태성三台星이나 다름없지 않습니까.

땅덩이의 본체는 둥글둥글 허공에 걸려, 사방도 없고 위아래도 없이 쐐기 돌듯 돌다가 햇빛을 처음 받은 곳을 날이 샌다고 하는 것이 아닐까요. 또 지구가 계속 돌아 해를 처음 받은 지점과 점차 어긋나고 멀어져서, 정오도 되고 해가 저물기도 하여 밤과 낮이 되는 거고요. 비유컨대, 창의 뚫어진 구멍으로부터 햇살이 새어 들어와 콩알만 하게 비친다고 합시다. 창 아래 햇살 비치는 자리에 맷돌을 놓고, 바로 그 자리를 먹으로 표시를 해 둔 다음, 맷돌을 계속 돌리면 먹 자국은 햇살 비친 자리에 그대로 남아 있을까요, 아니면 사이가 멀어져 갈까요. 맷돌이 한 바퀴를 돌아 다시 그 자리에 돌아오면, 햇살이 비친 자리와 먹자국은 잠시 마주 포개어졌다가는 또다시 떨어지게 될 것이니, 지구가 한 바퀴 돌아 하루가 되는 것도 이런 이치가 아니겠습니까.

해와 달은 원래부터 뜨고 지는 것도 아니요, 또 오고 가는 것도 아닌데, 땅이 고요하다고 굳게 믿어 돌지 않는다고 믿었으니, 이는 실로 착각이었던 거지요. 명백한 이론을 찾지 못하자 춘하추동을 가리켜 그 방위에 따라 논다고(游) 하기도 하지요. 논다는 것은 나아갔다 물러났다, 올라갔다 내려갔다 하는 행위를 말하는 것이니, 차라리 돈다고 함이 어떨까요.

아마 저 착각에 빠진 사람들은 이렇게 말할 것입니다. 땅덩이가 돌면 땅 위에 실렸던 일체의 물건들은 엎어지고 자빠지고 기울어져 떨어져 버릴 거라고. 만일에 쏟아져 떨어진다면 어느 땅에 떨어질까요. 만일 그렇다면, 저 허공에 달린 별들과 은하수는 기운에 따라 돌면서도 어찌하여 떨어져 쏟아지지 않고 그대로 있을까요. 또 움직이지도 돌지도 않는다면, 어째서 썩지도 부서지지도 흩어지지도 않고 그대로 유지될 수가 있을까요.

땅 거죽에 생물들이 붙어사는데, 둥근 표면에 발을 붙이고 누구나 머리에 하늘을 이고 있지요. 비유하면, 수많은 개미와 벌 들이 혹은 가장자리에 붙어 가기도 하고, 혹은 천장에 매달려 살기도 하는데, 그들의 처지에서 보면 대체 어디가 가로이고 어디가 세로이며, 또 누가 바로고 누가 거꾸로 매달렸다고 하겠습니까. 지금도 이 땅 밑에는 응당 바다가 있으니, 생물들이 쏟아지고 떨어질까 봐 걱정하는 사람도 있을 텐데, 땅 밑 바다는 누가 둑을 쌓아서 쏟아지지 않고 그대로 차 있는 것일까요. 저 하늘에 총총한 별들은 크기가 얼마만 할까요.

또한 그 거죽은 지구나 다름없지 않을까요. 별에 껍질이 있다면 생물이 붙어살지 않을까요. 만일에 생물이 있다면, 각기 세상을 열어 새끼까지 쳐 가면서 살지 않을지요.

만일 달 속에도 세계가 있다면, 오늘 이 밤에 어떤 두 명의 달세계 사람이 난간에 기대어 지구를 바라보면서 땅빛의 차고 기우는 이야기를 나누고 있을지 그 누가 알겠습니까."

"껄껄껄. 거, 참으로 기이한 이야기로군요. 땅이 둥글다는 이야기는 서양 사람들이 처음 말했지만 땅덩이가 돈다는 말은 하지 않았습니다. 헌데, 선생은 이 학설을 스스로 터득한 것인가요, 아니면 어느 스승으로부터 이어받으신 건가요?"

"사람의 일도 모르는 터에 하늘의 일을 어찌 알겠소. 저도 본래 도수학度數學에는 어둡답니다. 장자같이 식견이 아득히 깊고 넓은 분도 우주에 대해서는 버려두고 논하지 않았지요. 제가 스스로 터득한 지식이 아니라 그저 귀동냥한 것에 불과합니다. 제 친구 홍대용은 지식이 한량없이 깊고 넓어서 일찍이 저랑 달구경을 하면서 장난삼아 이런 이야기를 지어냈답니다. 상식에는 어긋나는 이야기지만, 성인의 지혜를 가진 이라도 이 학설을 깨뜨리기는 어려울 겁니다."

흔히 지전설, 지동설은 서구의 영향이라고 여기지만 보다시피 동양적 사유 안에서도 이미 싹트고 있었다. 천동설과 지동설을 결정짓는 것은 과학의 발달 여부가 아니라 시각이다. 천지의 운행을 어떤 시각으로 볼 것인가? 고정된 틀 속에서 보기로 작정한다면 어떻게든 그렇게 보일 것이고, 그 틀을 깨려고 한다면 전혀 다른 방식으로 보게 될 것이다. 일단 술이라고 생각하면 여지즙을 먹으면서도 취하는 것과 마찬가지 이치다.

연암은 늘 차이를 중시했다. 고정되고 단일한 틀로 환원되지 않는 차이! 그것이 비록 귀동냥일지언정 지전설을 스스로 궁구할 수 있었던 저력이었다. 코끼리를 통해 우주의 비의를 탐구한 〈상기〉가 연암 철학의 정수인 까닭도 거기에 있다.

chapter 08

# 판첸라마 대소동

천하의 형세를 헤아리다

:: 품생폼사

연암의 구경벽은 못 말리는 수준이다. 쉬지 않고 움직이고 쉬지 않고 떠들어 대고 쉬지 않고 관찰한다. 그 과정에서 늘 시트콤 같은 일들이 벌어지곤 한다. 대개의 경우 주인공은 자기 자신이다. 이를테면 이런 식이다.

맞은편 술집 깃발이 난간 앞에 펄럭이고, 은호銀壺, 주병酒甁이 처마 밖에 너울너울 춤을 춘다. 푸른 난간은 허공에 걸쳐 있고, 금빛 현판은 햇빛에 번쩍거린다. 양옆의 푸른 술집 깃발에는 이런 구절이 씌어 있다.

신선은 옥패 풀어 놓고 神仙留玉佩
공경은 금초구 벗어 놓네 公卿解金貂

다락 아래에는 수레와 말 들이 묶여 있고, 다락 위에는 사람 소리가 벌떼나 모기떼처럼 웅성거렸다. 발길 닿는 대로 올라가 보니, 계단이 열둘이었다. 탁자를 빙 둘러 의자에 앉은 사람이 혹은 서넛, 혹은 대여섯씩 되었다. 모두 몽고나 회회인인데, 무려 수십 패거리나 되었다. 몽고인의 머리에 쓴 것은 우리나라 쟁반처럼 생겼다. 두건이 없고 위는 양털로 꾸몄으며 색은 누렇게 물들였다. 혹 갓을 쓴 자도 있는데, 모양은 우리나라 전립戰笠과 같았다. 혹은 등나무로, 혹은 가죽으로 만들어 안팎에 금칠을 하고, 혹은 오색 빛깔로 구름무늬 같은 것을 그렸다. 모두 누런 웃옷에 붉은 바지를 입었다.

회회인은 대체로 붉은 옷을 입었으나, 검은 옷도 많았다. 붉은 모직으로 고깔을 만들어 썼는데, 모자가 너무 길어 앞뒤로만 테를 둘렀다. 모양은 마치 돌돌 말린 연잎이 물 속에서 막 솟아 오른 듯했다. 또 약을 가는 쇠방망이처럼 두 끝이 뾰족하여 다소 경망해 보였다. 내가 쓴 갓은 전립 즉 벙거지 비슷하여, 은을 새겨 장식하고 꼭지에는 공작 깃을 꽂았으며 턱을 수정 끈으로 맸다. 그러니, 저 두 오랑캐들 눈에는 과연 어떻게 보일지. 만주족이고 한족이고 간에 중국인은 하나도 없었다. 두 오랑캐들은 사납고 우락부락했다. 다락에 올라온 것이 후회막심했다. 하지만 이미 술을 청한지라 그냥 나갈 수도 없었다. 할 수 없이 그중 좋은 의자를 골라 앉았다.

술집 심부름꾼이 와서 몇 냥어치 술을 마실지를 묻는다. 여기서는 술 무게를 저울에 달아 판다. 나는 술 넉 냥을 따라 오라고 했다. 심부름꾼이 가서 술을 데우려 하기에, 나는 기세 좋게 외쳤다.

"어이! 데우지 말고 찬술 그대로 달아 와!"

심부름꾼이 웃으면서 술을 따라 가지고 오더니, 먼저 작은 잔 둘을 탁자 위에 벌여 놓는다. 나는 담뱃대로 그 잔을 확 쓸어 엎어 버렸다.

"큰 술잔으로 가져와!"

그러고는 그 잔에다 술을 몽땅 따른 뒤, 단번에 주욱 들이켰다. 오랑캐들이 모두 눈이 휘둥그레진다. 호오. 탄식하는 소리가 들리는 듯하다. 기가 꺾인 기색이 역력하다. 중국은 술 마시는 법이 점잖아서 한여름에도 반드시 데워 마신다. 심지어 소주까지도 데워 마신다. 거기다 술잔은 콩알만 하다. 헌데도, 잔을 이빨에 대고 홀짝홀짝 쪼잔하게 마신다. 단번에 털어 넣는 법이라곤 절대 없다. 다른 오랑캐들 역시 술 마시는 법이 대개 이런 식이다. 큰 잔으로 마시거나 한꺼번에 주욱 들이켜는 풍속 같은 건 일체 없다.

그러니 내가 넉 냥이나 되는 찬술을 단숨에 들이켜는 걸 보고 얼마나 놀랐겠는가. 하지만 이건 어디까지나 저들을 두렵게 하기 위해 일부러 대담한 척한 것이다. 솔직히 이건 겁쟁이가 호기를 부린 짓이지 용기 있는 짓거리는 아니다. 내가 찬술을 따라 오라고 했을 때 여러 오랑캐들의 눈이 휘둥그레졌고, 단숨에 주욱 들이켜는 걸 보고는 거의 기절 직전이다. 겁먹은 기색이 역력했다. 나름 뿌듯하여, 주머니에서 엽전 8푼을 꺼내어 술값을 치르고는 여유 있게 몸을 일으켰다. 그런데, 아뿔사! 오랑캐들이 모두 의자에서 내려 머리를 조아리며 다시 자리에 앉기를 청하는 게 아닌가. 그중 한 놈이 제 자리를 비우고

230 삶과 문명의 눈부신 비전 열하일기

는 나를 붙들어 앉힌다. 딴엔 호의를 베푼 것이다. 순간 내 등에서 식은 땀이 흘렀다.

순간, 하나의 장면이 떠올랐다. 어린 시절, 하인들이 끼리끼리 모여서 술 마시는 걸 본 적이 있었다. 그때 주령酒令(술마실 때 하는 놀이 규칙. 어기면 벌주를 마심) 가운데 이런 게 있었다. "평소 대문 앞을 지나치면서도 집이라곤 들어가 본 적이 없는데, 나이 일흔에 득남하고 보니 등에서 진땀이 흐르네." 술김에 애를 만들게 되었다는 의미였다. 내 성미가 본디 웃음을 참지 못하는 터라, 그걸 보고는 사흘간이나 허리가 시큰거릴 정도로 웃어 댔다. 오늘 아침 만리 변방에서 예기치 않게 뭇 오랑캐들과 더불어 술을 마시게 되니 만약 주령을 세운다면 마땅히 '술김에 호기를 부리다 등에서 진땀이 흘러내리네.'라고 해야 할 것이다.

이런 속도 모르고 한 오랑캐가 술 석 잔을 부어 놓고는 탁자를 두드리면서 마시기를 권한다. 이판사판! 나는 벌떡 일어나 사발에 남은 차를 난간 밖으로 휙 버린 다음, 석 잔을 한꺼번에 다 부어 단숨에 쭈욱 들이켰다. 잔을 내려놓자마자 즉시 몸을 돌려 한 번 읍한 뒤 큰 걸음으로 후다닥 층계를 내려왔다. 머리끝이 쭈뼛하여 누군가 뒤에서 쫓아오는 것만 같았다.

나는 황급히 한참을 걸어 나와 큰길까지 나와서야 비로소 크게 한숨을 내쉬었다. 휴우. 다락 위를 쳐다보니, 웃고 지껄이는 소리가 왁자했다. 아마도 나에 대해 떠들어 대는 모양이다.

마치 홍콩 영화의 한 장면 같다. 조선인들에게 몽고나 회회인(이슬람 계통)은 실로 낯선 종족이다. 책에서나 봤지 직접 만나리라곤 상상조차 해본 적이 없었을 것이다. 그런데 한꺼번에 떼로, 그것도 술집에서 마주쳤으니 연암 같은 호인으로서도 등골이 서늘했을 법하다. 헌데, 그 와중에도 폼을 있는 대로 잡는 모습이란, 참 허리가 시큰거릴 정도로 웃긴다.

이처럼 낯선 종족과 마주친다는 건 그 자체로 스릴과 서스펜스를 제공한다. 열하에서 겪은 최고의 해프닝인 '판첸라마 대소동' 역시 그런 케이스에 해당한다. 다만 위의 사건이 '깨알 같은 콩트'에 해당한다면 후자는 '폭풍 시트콤'에 가깝다.

:: 서곡

하루는 군기대신이 황제의 명령을 받들고 와 사신에게 전했다.

"서번(티베트를 중심으로 한 중앙아시아 지방의 총칭)의 성승<sup>聖僧</sup>을 찾아가 보겠는가?"

"황제께서 이 보잘것없는 사신들을 한 나라 백성이나 다름없이 보시니, 중국인들과는 거리낌 없이 왕래할 수 있지만, 다른 나라 사람과는 함부로 교제할 수 없습니다. 이것이 우리 조선의 법입니다."

"그런가? 흥!"

군기대신이 쌩하고 가 버리자 모두 얼굴에 수심이 가득하고, 당번 역관들은 허둥지둥하는 품이 술이 덜 깬 사람들 같았다. 비장들은 공연히 성을 내며 투덜거렸다.

"거참, 황제의 분부가 고약하기 짝이 없네. 아주 망해 자빠지려고 작정을 했나. 하긴 오랑캐 일이란 게 그렇지 뭐. 명나라 때야 어디 이런 일이 있었겠어?"

수역은 그 와중에도 비장을 향해 핀잔을 준다.

"시끄럽네! 지금 춘추대의를 논할 때가 아닐세."

잠시 후, 군기대신이 급히 말을 달려 오더니 다시 황제의 명령을 전한다.

"서번의 성승은 중국인이나 마찬가지니 즉시 만나 보도록 하라."

이에 사신들이 서로 의견을 모으기 시작했다. 어떤 이는 가서 보게 되면 조선에 돌아간 뒤 아주 난처한 지경에 빠질 거라 하고, 또 어떤 이는 예부에 글을 보내 이치에 맞는지 따져 보자고 한다. 당번 역관은 이 사람 저 사람 말에 맞춰 그저 "예예." 하고 말뿐이다. 나야 한가롭게 유람하는 처지인지라 참견을 할 수도 없을 뿐 아니라, 사신들 역시 내게 자문을 구하지도 않았다. 이에 나는 내심 기꺼워하며 마음 속으로 외쳤다. "이거 기막힌 기회인걸." 손가락으로 허공에다 권점圈點을 치며 혼자 중얼거렸다.

"좋은 건수로다. 이럴 때 사신이 상소라도 한 장 올린다면, 그 의로운 명성이 온 천하에 울려 퍼져 크게 나라를 빛내게 될 텐데. 그리 되면 황제께서 군사를 일으켜 우리나라를 치려나? 아니지. 이건 사신의 죄니. 그 나라에까지 분풀이를 할 수야 있겠어? 그래도 황제의 노여움을 샀으니 사신이 운남이나 귀주로 귀양살이 가는 건 어쩔 수 없을 게야. 그리 되면 차마 나 혼자 고국으로 돌아갈 수야 없지. 마땅히 사신을 따라가야지. 그럼, 이참에 서촉과 강남 땅을 밟아 볼 수 있겠군. 강남은 가까운 곳이지만, 저 교주나 광주 지방은 연경에서 만여 리나 된다니. 이 정도면 내 유람이 실로 풍성해지고도 남음이 있겠는걸."

여기까지 생각이 미치자, 어찌나 기쁜지 즉시 밖으로 뛰쳐나가 동편 행랑 아래에서 건량마두(사신단의 양식 운반을 맡은 마두)인 이동을 불러냈다.

"얼른 가서 술을 사 오너라. 돈일랑 조금도 아끼지 말고. 이후론 너랑 작별이다."

술을 한잔 걸치고 다시 안으로 들어갔더니, 여전히 설왕설래 중이다. 어쨌거나 예부의 독촉이 빗발 같아 좌우지간 당장 명령에 따라야 할 형편이었다. 일행들이 안장과 말을 정돈하다 보니 시간이 지체되어 해가 이미 기울었다. 대궐문을 거쳐 성을 돌아 서북쪽을 향해 절반도 채 못 갔을 즈음, 별안간 황제의 명령이 떨어졌다.

"오늘은 이미 늦었으니, 돌아가서 다른 날을 기다리도록 하라."

이에 서로 돌아보며 놀라서 되돌아왔다.

여기까지가 '판첸라마 대소동'의 서곡이다. 이날을 시작으로 조선 사신단한테는 예상 밖의 일들이 꼬리에 꼬리를 물고 일어났다. 어찌 보면 황당한 해프닝이지만, 달리 생각하면 천하의 형세와 조선의 위상을 적나라하게 보여 준 '정치적 사건'이기도 했다. 위에서 보듯, 연암은 마치 놀이동산에 놀러 간 어린아이처럼 이 사건을 즐기고 있다. 초긴장 상태에 있는 사신단의 엄숙한 표정과 상상 속에서 온갖 시나리오를 다 짜 보는 연암의 장난기 가득한 표정이 절묘하게 대비되는 장면이다. 이 극단적 차이 자체가 독자들로 하여금 웃음을 참을 수 없게 한다.

그러면 서번의 성승 판첸라마, 그는 대체 누구인가? 연암이 부지런히 취재한 바에 따르면 다음과 같다.

:: 판첸라마

　반선불班禪佛 혹은 장리불藏理佛이라고도 하는데, 중국인들은 특히 살아 있는 부처, 곧 활불이라 일컫는다. 그 법력을 깊이 존숭하는 까닭이다. 그는 스스로 말하기를 42대째 몸을 바꿔 태어난 존재로서 전생엔 중국에서 많이 태어났으며, 나이는 지금 마흔셋이라고 한다. 지난 5월 20일 황제가 열하로 맞아들여 별도로 그를 위한 궁궐을 짓고 스승으로 섬기고 있다고 한다. 누군가 말했다.
　"수행자들이 엄청 많았지요. 국경을 넘어온 뒤엔 점차 줄었는데, 그래도 수천 명이 넘었습니다. 모두 은밀히 병장기를 감추고 있건만 황제만 이를 모른답니다."
　이는 측근들이 퍼뜨린 말인 듯하다. 또 거리에서 아이들이 부르는 황화요黃花謠에도 이를 예언하는 말이 담겨 있다고 한다.

　　붉은 꽃 다 지고 누런 꽃 피는구나 紅花落盡黃花發

붉은 꽃이란 청나라의 붉은 모자를 가리키고, 누런 꽃이란 몽고와 서번의 누런 모자를 가리키는 것이다.

옛 역사를 상고하건대, 서번은 멀리 사천·운남의 밖에 있는, 이른바 서장西藏(티베트)의 땅이다. 변방이라 중국과 아주 멀리 떨어져 있다. 소위 황교黃敎(라마교의 일파로, 누런 옷과 모자를 입어 다른 종파와 구별함)를 섬기는데, 몽고의 여러 부족 또한 이 교를 숭배한다고 한다. 서

라마교는 티베트 불교의 다른 이름이다. 인도에서 전래된 불교가 티베트의 토착신앙과 융화한 종교로 밀교적 성격이 강하다. 4대 종파로 분화된 티베트 불교의 최대 종파는 '황모파'로도 불리는 '겔룩파'다. 종파마다 다른 빛깔의 모자를 쓰기 때문에 '흑모파', '홍모파' 등의 별칭을 갖고 있다. 현재 14대에 이르고 있는 티베트의 법왕 달라이라마는 겔룩파의 수장이다.

장 사람들의 옷과 갓이 누렇기 때문에 몽고인들 역시 이를 본받아서 누런 빛을 숭상한다. 괴팍하기 짝이 없는 황제께서 어찌 유독 이 황화요만은 꺼리지 않는지 알다가도 모를 일이다.

박보수가 예부에 가 이것저것 탐문하고 와서 말을 전해 준다.

"황제께서 '그 나라는 예를 아는데 사신들은 예를 모르는구먼.' 했다는군요."

통관들이 모두 가슴을 치며 울부짖는다.

"아이고! 우린 이제 다 죽었습니다요."

이는 청나라 통관 무리들이 본래 잘하는 짓거리라 한다. 비록 털끝만큼 작은 일일지라도 황제의 명령과 관계된 것이면 무조건 죽는 시늉을 하기 일쑤인데, 하물며 중도에 돌아가라 한 것은 황제의 불편한 심기를 드러낸 것임에랴. 또 황제의 "예를 모르는구먼." 하는 말씀은 직접적으로 불평을 띤 말이니 통관들이 가슴을 치며 우는 것도 공연한 엄살만은 아닌 듯했다. 그러나 행동거지가 하도 흉측하고 왈패스러워, 보는 사람들로 하여금 포복절도하게 하였다. 우리나라 역관들 역시 두렵긴 마찬가지일 텐데도 눈썹 하나 까딱하지 않았다.

## :: 황제

 8월 11일, 황제로부터 사신을 접견하겠다는 명이 내렸다. 통관이 인도하여 정문 앞에 이르자 동쪽 협문에 신하들이 섰거나 혹은 앉아 있었다. 곧이어 황제가 정문으로 나와 문 안의 벽돌을 깔아 놓은 위에 앉았다. 교의와 탁자도 내오지 않고, 다만 평상에 누런 보료만 깔았을 뿐이다. 좌우의 시위는 모두 누런 옷을 입었는데, 그 중에서 칼을 찬 자가 서너 쌍, 누런 일산을 받들고 선 자가 두 쌍이다. 모두들 엄숙한 표정이다.

 먼저 회자(이슬람)의 태자가 앞으로 나와 몇 마디 아뢴 다음 물러가고, 이어서 조선 사신과 세 통관을 나오라 하매 모두 나아가 무릎을 꿇었다. 무릎이 땅에 닿을 뿐, 뒤를 붙이고 앉은 것은 아니다. 황제가 물었다.

 "국왕께선 평안하신가?"

 "평안하옵니다."

 "만주말을 잘하는 이가 있는가?"

'담박경성전(澹泊敬誠殿)'은 피서산장 행궁의 정전(正殿)이다. 강희제 49년(1710년)에 건립되었다. 청나라 황제는 해마다 맞이하는 만수절과 각종 경축연을 벌일 때 여러 민족의 우두머리와 왕공대신, 각국 사절을 이곳 담박경성전에서 접견하였다. 건륭제가 자신의 고희를 맞아 티베트에서 모셔온 6대 반선불을 접견한 곳도, 조선 사행단이 황제를 알현한 곳도 바로 이곳이다.

상통사上通事 윤갑종이 "약간 아옵니다." 하고 만주말로 대답했다. 황제가 좌우를 돌아보며 환하게 웃었다. 황제는 모난 얼굴에 희맑고도 약간 누런 빛을 띠었으며, 수염은 반쯤 희고, 나이는 십 년은 젊어 예순 정도로 보인다. 애연히 춘풍화기春風和氣를 지녔다.

사신이 반열로 물러서자, 무사 예닐곱이 차례로 들어와 활을 쏘는데, 살 하나를 쏘고는 반드시 꿇어앉아서 고함을 친다. 과녁을 맞힌 자가 두 명이었다. 과녁은 마치 우리나라의 풀로 만든 것과 같은데, 한복판에 짐승 한 마리를 그려 놓았다. 활쏘기가 끝나자 황제는 바로 돌아갔다. 내시들도 모두 물러가고 사신 역시 물러나왔다. 문 하나를 채 나오기도 전에 군기대신이 와서 다시 황제의 전갈을 내린다.

"사신은 곧장 찰십륜포로 가서 반선불을 접견하라."

::  황금궁전

찰십륜포紮什倫布란 서번말로 성승이 거처하는 곳이다. 피서산장에서 궁성을 돌아 오른쪽으로 봉추산(방망이를 뒤집어 놓은 모양의 봉우리)을 바라보면서 북쪽으로 10여 리쯤 가면 열하가 나온다. 그 너머에 산을 기대어 동산을 만들었는데, 언덕을 뚫고 산모롱이를 끊어 버려서 산이 뼈다귀만 드러내고 서 있다. 공중에 다섯 개의 다리가 놓여 있다. 다리에서 길을 내어 층계를 만들어 놓았는데, 평평한 곳에는 용과 봉이 새겨져 있다. 길을 따라 흰 돌로 된 난간이 구부러지고 휘어져 문에까지 이어져 있다. 두 개의 각문閣門이 있는데 모두 몽고 군사가 지키고 있었다.

대 위에 있는 전각 둘은 모두 겹처마에 황금기와를 이었다. 지붕 위에는 황금으로 된 여섯 마리 용이 날아오를 듯 꿈틀거리고 있다. 둥근 정자와 휘늘어진 집, 겹으로 된 다락과 포개진 전각, 드높은 누각과 층층이 이어진 행랑들은 모두 푸른빛·초록빛·자줏빛·남빛의 유리기와로 뒤덮어 억만금의 비용을 들인 게 분명했다. 화려한 채색은 신기둥를 능가하고, 아로새긴 솜씨는 귀신도 부러워할 만하다.

　라마승 수천 명이 모두 붉은 선의禪衣를 끌면서 누런 좌계관左髻冠(라마승들이 쓰는 모자)을 쓰고 팔뚝을 내놓은 채 문이 미어지도록 맨발로 몰려들었다. 얼굴들이 모두 칼로 깎아 놓은 듯하다. 검붉은 안색에 코는 크고 눈은 움푹 들어갔으며, 넓적한 턱에 곱슬곱슬한 수염이 달려 있다. 손과 발에 모두 고리 모양의 띠를 했고 맨머리다. 금으로 된 귀고리를 달고 팔뚝에는 용무늬를 그려 넣었다.

사진의 정면 왼쪽 멀리 연암이 말한 '봉추산'이 보인다. 피서산장 행궁을 돌아 나가면 오른편으로 바라다보이고, 연암 일행이 반선불을 접견하기 위해 찾아간 찰십륜포에서는 왼편으로 보인다. 1702년에 강희제가 이 봉우리를 보고 위가 굵고 아래가 가늘어 빨래방망이처럼 생겼다고 하여 '경추봉(磬錘峰)'이란 이름을 내렸으니, 봉추산은 '방망이산'이란 뜻의 속칭일 뿐이다. 경추봉의 높이는 600미터에 가깝고, 방망이를 닮은 석봉의 높이는 59.42미터이다.

1780년 건륭제의 고희연을 축하하기 위해 티베트의 6대 판첸라마가 청나라로 온다. 건륭제는 이를 기념하기 위해 승덕 피서산장 외곽에 황금사원을 축조하였다. 그것이 티베트말로 찰십륜포(위), 중국말로는 '수미복수지묘(須彌福壽之廟)'이다. 피서산장의 동북쪽 외곽에는 12개의 라마교 사원이 있다. 2곳은 강희제 대에, 나머지 10곳은 모두 건륭제 대에 지어졌다. 이중 8곳은 조정에서 라마를 파견하여 관리했기 때문에 '외팔묘(外八廟)'로 불렸는데, 지금은 산장 밖 라마교 사원을 통칭하는 말로 굳어졌다. '보타종승지묘(普陀宗乘之廟)'(아래)는 외팔묘 내 최대 사원으로 티베트의 수도 라싸에 있는 포탈라궁을 본떠 지었다.

전각 속 북쪽 벽 아래에 연꽃 탁자를 만들어 놓았다. 높이는 어깨에 닿을 정도였다. 반선불은 그 위에 가부좌를 틀고 남쪽을 향해 앉아 있었다. 황금빛 우단으로 된 관을 썼는데 말갈기 같은 털이 달려 있다. 가죽신 모양으로 높이가 두 자 남짓이나 되었다. 금으로 짠 선의는 민소매에 왼쪽 어깨를 거쳐 온몸을 감쌌다. 오른편 옷깃 겨드랑이 밑으로 팔뚝을 드러냈는데 굵기가 허벅지만 한 데다 역시 금빛이었다. 얼굴빛은 누런 데다 둘레가 예닐곱 뼘이나 되어 보였다. 수염이 난 흔적은 전혀 없고, 코는 쓸개를 달아맨 것 같았다. 눈썹은 두어 치나 되고 흰 눈동자가 겹쳐 있어 몹시 음침하고 어두워 보였다.

조금 전에 황금기와가 햇빛에 번쩍이는 것을 보다가 전각 속에 들어가니, 전각 안이 침침한 데다 그가 입은 옷이 모두 황금비단으로 짠 것이라 피부색까지 샛노랗게 비쳐 마치 황달병에 걸린 것 같았다. 몸 전체가 온통 황금빛에 감싸여 꿈틀꿈틀한다. 살은 많고 뼈는 적어서 청명하고 영특한 기운이라곤 도무지 찾을 길이 없다.

::  파사팔巴思八

황제가 내무관을 시켜서 옥색 비단 한 필을 들고 가 판첸라마에게 바치게 했다. 내무관이 손수 비단을 세 등분하여 사신에게 나누어 주었다. 이것을 일러 '파사팔巴思八'이라 한다. 판첸라마는 자처하기를, 전신이 파사팔이었다고 한다. 전하는 말에 따르면, 파사팔은 그 어머니가 향내 나는 수건을 머금은 다음 잉태되었다. 그런 까닭에 판첸라마를 친견하는 자는 반드시 수건을 바치는 것이 관습이 되었다. 황제 역시 친견할 때마다 누런 수건을 바친다 한다. 군기대신에 따르면, 황제도 머리를 조아리고 황육자皇六子(황제의 여섯째 아들)도 머리를 조아리며 공경대신도 머리를 조아리는 마당에 조선 사신도 응당 머리를 조아려 절을 올리는 게 마땅하다는 것이다. 사신은 그 문제로 이미 아침에 예부와 한바탕 다툰 바 있다.

"머리를 조아리는 예절은 천자의 처소에서나 하는 것인데, 어찌 천자에 대한 예절을 오랑캐의 번승 따위에게 쓸 수 있단 말이오?"

하지만 예부에서도 뜻을 굽히지 않았다.

"무슨 소리! 황제 또한 그분을 스승의 예절로 대우하고 있을 뿐 아니라, 사신은 황제의 조칙을 받들고 온 마당에 마땅히 황제와 같은 예로 처신해야 마땅하지 않느냐."

하지만 사신 역시 막무가내였다. 마침내 예부의 관리 하나가 화가 머리꼭대기까지 올라 모자를 벗어 땅에 집어던지고는 캉 위로 쓰러지면서 손을 휘두르며 언성을 높였다.

판첸라마는 티베트의 정치·종교 지도자인 달라이라마에 버금가는 이인자다. 1780년 청나라로 들어온 판첸라마는 여섯 번째 후계자였고, 그때 달라이라마는 13세밖에 되지 않은 제8대 후계자였다. 티베트와 중국의 첫 만남은 티베트가 강성했던 7세기 당나라 시대까지 거슬러 올라간다. 사진은 현재 인도 다람살라에서 망명정부를 이끌고 있는 14대 달라이라마이다. '달라이'는 몽골말로 '큰 바다'라는 뜻이고, '라마'는 티베트말로 '스승' 혹은 '지혜'를 뜻한다.

"빨리 가, 빨리 가란 말이야!"

잇달아 군기대신도 뭐라 뭐라 하는데 사신은 못 들은 것 같았다.

좌우지간 이런 옥신각신을 거쳐 여기까지 온 것이다. 제독이 사신을 인도하여 판첸라마 앞에 이르니, 군기대신이 두 손으로 수건을 받들어 사신에게 넘겨준다. 사신은 수건을 받아서 머리 높이로 들어 판첸라마에게 바쳤다. 판첸라마는 꼼짝 않고 앉은 채로 수건을 받아 무릎 앞에 놓으니, 수건이 탁자 아래까지 휘늘어진다. 차례로 수건 바치기를 마친 다음, 판첸라마가 다시 군기대신에게 넘겨주니, 군기대신이 수건을 받들고 오른편에서 모시고 섰다. 사신이 막 돌아서려 하자, 군기대신이 통관인 오림포에게 눈짓을 하였다. 사신에게 절을 하라는 신호를 보낸 것이다. 하지만 사신은 알아차리지 못하고 머뭇머뭇 물러서더니 검은 비단에 수놓은 요를 깐 몽고왕의 아랫자리로 갔다. 조금 허리를 구부리고 소매를 대충 들어 올린 다음, 털썩 앉아 버렸다. 앗! 군기대신은 당혹해하는 기색이 역력했으나 이미 앉아 버린 뒤라 어쩔 도리가 없자, 숫제 못 본 채하였다. 휴! 위기일발의 순간이었다.

:: 정림군

차를 몇 차례 돌린 뒤, 판첸은 직접 사신이 온 이유를 물었다. 말소리가 전각 안을 울려 마치 항아리 안에서 소리를 지르는 것 같았다. 미소를 띠면서 머리를 숙여 좌우편을 두루 살펴보는데, 미간을 찡그린 채 눈동자가 반쯤 드러나도록 눈을 가늘게 뜨고 속으로 굴리는 품이 시력이 나쁜 사람 같았다. 눈동자가 가늘고 몽롱해질수록 더욱 맑은 기운이 없어 보였다. 판첸의 말을 받아서 몽고왕에게 전하자, 몽고왕은 군기대신에게, 군기대신은 다시 오림포에게, 오림포는 또 우리 역관에게 전하니, 그야말로 오중의 통역인 셈이다. 상판사 조달동이 일어나 팔뚝을 걷어붙이며 욕지거리를 해댄다.

"흥, 만고에 흉한 작자로군. 어디 제명에 죽나 보자."

나는 민망하여 그만두라고 눈짓을 했다.

라마승 수십 명이 붉고 푸른 갖가지 색깔의 모직과 붉은 보료와 서번의 향과 조그마한 황금 불상을 메고 와서 등급대로 나누어 준다. 군기대신이 받들고 있던 수건으로 불상을 쌌다. 그런 다음, 사신은 일어서서 밖으로 나왔다. 군기대신은 반선이 하사한 물건을 펼쳐 본 뒤, 황제께 아뢰기 위하여 말을 달려 돌아갔다. 사신 일행은 문을 나와 한 오륙십 보쯤 가서 절벽을 등지고 소나무 그늘이 진 모래 위에 둘러앉았다. 밥을 먹으면서 사신이 고심을 털어놓았다.

"우리들이 번승을 대하는 예절이 너무 소홀하고 거만해서 예부의 지도에 많이 어긋나고 말았네. 저이는 만승 천자의 스승인지라, 앞으로 우리에게 뭔가 불이익이 없을 수 없을 게야. 그가 하사한 선물을 거절하면 불경함이 가중될 터이고, 받자니 대의명분에 어긋나니 장차 이를 어찌하면 좋을꼬?"

워낙 순식간에 일어난 일이라 받아야 할지 말아야 할지, 혹은 마땅한지 않은지를 따지고 말고 할 겨를이 없었던 것이다. 모두 황제의 명령에 매인 일인 데다 저들의 일처리는 마치 번개가 치듯 별똥별이 흐르듯 삽시간에 이루어진다. 그러니 우리 사신의 진퇴와 좌립은 다만 흙으로 뭉치고 나무로 깎은 허수아비 처지나 마찬가지다. 또 통역은 중역이 되어 피차의 통역관이 도리어 귀머거리와 벙어리가 되니, 마치 허허벌판에서 졸지에 괴상망측한 귀신을 만난 꼴이 되고 말았다. 사신은 비록 교묘한 말솜씨와 느긋한 요령이 있긴 했지만 장황스레 늘어놓을 처지가 아니고, 저들 역시 그렇게 하지 못한 건 실로 상황이 그렇게 돌아갔던 탓이다. 사신은 일단 이렇게 결정을 내렸다.

"지금 우리가 머무르는 데가 유학을 공부하는 태학관이라 불상을 가지고 들어갈 수가 없으니, 역관을 시켜 불상을 둘 곳을 찾아보게 하라."

이때 서번인, 한인 할 것 없이 구경꾼들이 담벼락같이 빽빽하게 우리 주위를 둘러쌌다. 군뢰들이 몽둥이를 휘둘러 쫓았지만 흩어졌다가는 곧 다시 모여들었다. 모자에 수정 구슬을 단 자와 푸른 깃을 꽂은 내신들이 군중 속에 뒤섞여서 몰래 염탐을 하고 있었다. 영돌이 큰 소리로 나를 불렀다.

"사신께서 언짢은 기색으로 오랫동안 잘잘못을 따지고 수군대는 것이 저들에게 공연히 의심을 사지나 않을까요?"

내가 돌아보니, 전에 황제의 조서를 전하던 소림이란 자가 내 등 뒤에 서 있었다. 나와 눈이 마주치자 곧장 사람들 틈으로 들어가더니 말에 올라타고는 어디론가 가 버렸다. 군중 속에서 어떤 두 사람이 역시 말을 타고 달려가는데, 자세히 살펴보니 둘다 환관 나부랭이들이다. 옛날 박불화(고려의 환관으로 원나라로 가 순제의 황후로부터 총애를 받은 이)가 원나라에 들어가고부터 원나라의 내시들이 우리나라 말을 많이 배웠고, 명나라 시절에도 용모가 준수한 조선 고자들을 뽑아 내시들에게 조선말 공부를 시켰다. 그러니 지금 우리를 엿보고 간 두 사람 또한 어찌 조선말을 모른다고 할 수 있으랴. 소림과 푸른 깃을 꽂은 자 역시 말을 세우고 자못 오랫동안 있다가 갔는데, 그 오고 가는 동작이 하도 빨라서 마치 나는 제비와 같았다. 그런 까닭에 사신과 담당 역관들은 겨우 이제야 이 자들이 와서 엿듣는 것을 눈치 챈 것이다. 참, 여러 모로 궁지에 몰린 셈이다.

소위 동불銅佛은 높이가 한 자가 넘는 것으로 호신불護身佛이라 한다. 중국에선 먼 곳을 떠나는 여행자들에게 이것을 선물하는 풍속이 있다. 그러면 여행자들은 이것을 가지고 아침저녁으로 공양을 드린다. 서장 풍속에는 해마다 공물을 바칠 때, 부처 한 구로써 방물을 삼는다. 그러니 이번 이 동불도 법왕이 우리 사신을 위해서 여행의 안녕을 기원하는 아름다운 폐백으로 하사한 것이다. 그러나 우리나라에선 한 번이라도 부처와 인연을 맺으면 평생 동안 허물이 된다. 하물며 이것을 준 자가 번승임에랴.

뒷이야기지만, 연경으로 돌아오자마자 사신들은 그 폐백을 모두 역관들에게 주어 버렸다. 그러나 역관들 역시 똥오줌처럼 더럽게 여겨 은 90냥에 팔아 일행의 마두배들에게 나누어 주려고 했다. 하지만 마부들조차 이걸로는 술 한 잔도 먹을 수 없다며 난리를 떨었다. 결백하다면 결백하다 하겠지만, 다른 나라 풍속의 차원에서 본다면 고리타분한 촌티를 면치 못한 셈이다.

:: 천하의 형세

 사건은 대충 이렇게 마무리되었지만, 덕분에 돌아오는 길은 무척이나 고달팠다. 만수절이 끝나자마자 쫓기듯 연경으로 돌아가야 했고, 가는 길에 받은 푸대접도 이만저만이 아니었다. 황제의 심기를 불편하게 했으니, 연암이 장난 삼아 상상해 본 대로 강남으로 유배를 가지 않은 것만도 다행이라면 다행이었다.
 연암은 시종일관 관찰자의 입장에 있었던 터라, 사건의 전모를 여유 있게 지켜볼 수 있었다. 아울러 숙소인 태학관에서 만난 한인 선비들로부터 판첸라마에 대한 정보를 다각도로 수집할 수 있었다. 선비들은 황제의 뜻에 저촉될까 두려워하여 필담하던 종이를 먹어 치우기도 하고, 불에 태우기도 하는 등 초긴장 상태에서 서번의 역사와 불교 교리에 대한 이야기를 풀어 놓았다. 아마도 조선사 전체를 통틀어 티베트 불교에 대한 유일한 기록이지 싶다. 하지만 그보다 더 중요한 건 연암에게는 이 과정이 '천하의 형세'를 헤아릴 수 있는 절호의 기회였다는 점이다. 연암이 파악한 천하의 형세는 이렇다.

첫째, 황제는 해마다 열하에 거둥하는데 열하는 장성 밖 궁벽한 땅이다. 천자는 무엇이 아쉬워서 이 변방의 거칠고 황폐한 땅에 와서 거하는 것일까? 명목은 '피서'라 하였지만 실상인즉 천자가 몸소 변방을 방비한 것이다. 연암이 보기에, 열하의 지세는 '천하의 두뇌'에 해당된다. 황제가 북쪽으로 돌아다니는 건 다른 게 아니라, 오로지 두뇌를 누르고 앉아 몽고의 목구멍을 틀어막자는 데 있을 뿐이다. 그렇게 하지 않으면, 몽고는 벌써 뛰쳐나와서 요동을 뒤흔들었을 것이다. 요동이 한번 흔들리면, 곧바로 서번의 여러 오랑캐들이 뛰쳐나와 중원의 농隴·섬陜 땅을 엿볼 것이다. 이로써 몽고의 강성함을 가히 알 수 있다.

둘째, 황제는 서번의 법왕을 맞아 스승으로 떠받들고 황금전각을 지어 바쳤다. 황제는 또 무엇이 아쉬워서 이처럼 도리에 어긋나는 황당한 예를 행하는 것일까? 명목은 '스승'으로 대접한다 하지만, 실상인즉 전각 속에 가두어 두고 하루라도 세상이 태평하기를 기원하는 것이다. 이로써 보면 서번이 몽고보다 더 강성하다는 걸 알 수 있다. 결국 이 두 가지 일은 황제의 마음이 몹시 괴롭다는 걸 말해 주는 셈이다.

셋째, 사람들의 글을 보면 비록 그것이 심상한 두어 줄 편지라 해도, 반드시 역대 황제들의 공덕을 늘어놓는 한편, 당세의 은택에 감격한다는 말을 덧붙이니 이는 모두 한인들의 글이다. 스스로 중국의 유민으로서 늘 두려움을 품고 있으면서, 혹시나 의심받지 않을까 하

강희제는 북방 오랑캐를 방비하려는 목적으로 가을사냥 제전을 시작하였다. '추선'으로 불리는 이 가을사냥은 건륭제 이후까지 지속되었다. 위 그림은 건륭제가 즉위 후 처음으로 황실 사냥터인 '목란사냥터'에 나간 모습을 그린 것이다. 황제가 승덕 피서산장과 목란사냥터에 도착하면 주변 몽고왕과 귀족들을 초청해 연회를 베풀면서 낙타타기 등 각종 유희를 즐기는 것으로 행사는 마무리되었다. 아래 그림은 몽고의 왕과 귀족들이 피서산장에 도착한 건륭제를 접견하는 장면이다.

는 경계심 때문에 입만 열면 칭송을 하고 붓만 들면 아첨을 해댐으로써 스스로 당세에서 벗어나 있는 듯이 여긴다. 이것을 보면 한인들의 마음 또한 몹시 괴롭다는 것을 알 수 있다.

넷째, 사람들과 필담을 할 때는 비록 심상한 수작이라도 말을 마친 뒤에는 곧 불살라 버리고 쪽지 하나 남겨 두지 않는다. 비단 한족만 그러는 것이 아니라 만주족은 더욱 심하다. 만인들은 그 직위가 황제와 밀착해 있기 때문에 법령이 엄혹하다는 것을 잘 알고 있기 때문이다. 이러고 보니 비단 한인들의 마음만 괴로운 것이 아니라, 천하를 법으로 금하고 있는 만주족 사람들의 마음도 괴롭다는 걸 알겠다.

이 네 가지가 연암이 파악한 청을 둘러싼 역학의 배치다. 연암의 분석은 과연 역동적이다. 어떤 선입견이나 편견에 끄달리지 않고, 황제와 몽고 그리고 서번, 만주족과 한족 사이의 팽팽한 긴장과 대립을 있는 그대로 보여 줄 따름이다. 중요한 것은 이념이나 교리가 아니라, '지금 여기'를 구성하는 생생한 현실, 바로 그것이기 때문이다.

그렇다면 이 기묘한 배치에서 조선의 위치는 대체 어디인가? 조선은 명분상으로는 중화주의를 신봉하지만, 현실적으로는 청나라에 복속되어 있다. 그러니, 겉으로는 청의 신하처럼 행동해야 한다. 그렇기는 해도, 몽고와 서번 같은 오랑캐와는 절대로 상종할 수 없는 처지라고 자부한다. 그런데 조선이 떠받드는 청나라 황제는 바로 그 야만적인 오랑캐인 서번의 법왕을 스승으로 떠받들고 있다. 오, 이 시작도 끝도 없이 물고 물리는 연쇄고리라니. 대체 여기서 무엇이 중화고,

무엇이 오랑캐란 말인가? 과연 중화와 오랑캐의 경계가 있기는 한 것인가?

이념과 현실 사이의 이 엄청난 간극 앞에서 조선 사신단은 당황했다. 당황하기로 치면, 청나라 황제 측도 못지않았다. 조선이 중화주의를 신봉하는 거야 충분히 알고 있었지만, 아무리 그렇기로서니 황제의 명령까지 요리조리 피하리라곤 생각하지 못했을 테니 말이다. 청나라 측으로선 조선 사신단이 그토록 명분을 중시할 줄 미처 예견하지 못했고, 사신단 측으로선 청나라가 그런 식의 황당한 예법을 요구할 줄은 상상조차 하지 못했다. 전자는 지나치게 현실적이었고, 후자는 과도하게 명분에 빠져 있었다. 결국, 이 사건은 현실주의와 명분론 사이의 극명한 엇갈림이 빚어낸 한바탕 시트콤이었다. 시트콤치고는 일촉즉발의 긴장이 감돌긴 했지만.

그로부터 230여 년 뒤인 지금, 중국과 티베트와 조선 사이에는 전혀 다른 종류의 긴장이 흐르고 있다. 1949년 중국은 티베트를 무력으로 점령하였고, 지금의 법왕인 달라이라마 14세는 1959년 난민들을 이끌고 티베트를 탈출하여 인도 북부의 다람살라에 망명 정부를 세웠다. 청나라 때와는 정반대 상황이 연출된 것이다. 그런가 하면, 한국은 달라이라마의 방한을 허용하지 않는 극소수 국가 가운데 하나다. 무슨 특별한 명분이 있어서가 아니라, 단지 중국 정부의 눈치를 보느라 그런 것일 뿐이다. 역시 조선 사신단의 처신과는 극명하게 대조되는 양상이다. 명분에 골몰하여 현실을 깡그리 무시한 조선 사

세계 열강들이 중앙아시아를 차지하기 위해서 반드시 정벌해야 할 나라가 티베트였다. 열강들의 각축 속에서 티베트는 마침내 중국에게 점령당하고 말았다. 위 사진은 1951년 티베트의 수도 라싸를 점령한 중국 인민해방군의 모습이다. 그때 겨우 16세에 지나지 않았던 14대 달라이라마는 결국, 1959년 눈덮인 히말라야 산맥을 넘어 인도로 탈출하여 다람살라에 망명 정부를 세웠다. 1989년 14대 달라이라마(아래 사진 왼쪽 인물)는 고국의 독립과 세계 평화에 헌신한 공로를 인정받아 노벨 평화상을 받았다.

신단도 한심하지만, 오로지 현실적 이해관계만을 따져 국가적 자존심이나 대의 따위는 완전히 망각한 지금의 정부도 한심하기는 매한가지다.

만약 연암이 지금의 이 상황을 알게 된다면, 과연 뭐라고 할 것인가? 혹은 달라이라마께서 열하일기에 실린 판첸라마의 이야기를 들으면 또 뭐라고 하실까? 실로 궁금하기 짝이 없다.

chapter 09

# 환희기 幻戲記

도로 눈을 감고 가시오

::  호기심 제왕

연암이 열하에서 보낸 날들은 모두 엿새였다. 무박나흘로 달려가 고작 엿새밖에 머무르지 못했다 생각하면 아쉬운 감이 없지 않다. 하지만 날마다 기이한 볼거리에 예기치 않은 사건들이 터진 탓일까. 연암은 그 시간 동안 충분히 놀랐고, 충분히 감동했으며, 충분히 행복했다. 열하는 8월의 열기만큼이나 화끈한 장면들을 연암에게 선사해 주었다. 요술도 그 가운데 하나였다.

요술, 당시엔 '환희幻戲'라 불렸다. 허깨비라는 의미도 있고, 한바탕 놀이라는 의미도 있다. 요즘으로 치면, 판타지 혹은 시뮬레이션에 가깝다. 보통 유학자들은 이런 놀음을 몹시 경계한다. 그릇된 망상에 빠지고 원기를 흐트러뜨린다는 이유에서다. 요술이 그 시절 중요한 오락거리였음에도 기록이 많지 않은 것도 그 때문일 것이다. 하지만 연암이 누군가. 호기심의 제왕 아니던가. 어떤 명분이나 통념도 분수처럼 솟구치는 그의 호기심을 막을 수는 없었다. 연암은 요술을 마음껏 즐겼을 뿐 아니라, 세밀화를 그리듯 자세하게 묘사까지 해 두었다. 즐길 때는 순진무구한 어린아이가 되었고, 글로 옮길 때는 생의 심연을 탐사하는 구도자가 되었다. 어린아이와 구도자, 평소에도 연암의 얼굴은 이 둘 사이를 경쾌하게 왕복한다. 그 두 개의 얼굴이 오버랩되는 현장이 바로「환희기」다.

만수절 축제가 시작되기 직전의 어느 날 아침이었다. 광피사표패루光被四表牌樓를 지나던 중, 패루 아래에 사람들이 빽빽이 둘러섰는데, 웃음소리가 땅을 뒤흔들었다. 또 한 떼거리의 사람들이 그쪽을 향해 정신없이 달려가고 있었다. 누군가 대열의 맨 뒤에서 쫓아가면서, 괴이한 구경거리가 있다고 한다. 나는 멀리서 그게 뭐냐고 물었다.

"어떤 사람이 하늘로 올라가서 복숭아를 훔치려다가 파수꾼에게 얻어맞고 땅으로 툭 떨어졌다는데요."

"뭐? 에잇. 무슨 해괴한 짓거린고?"

나는 한바탕 꾸짖고는 돌아다보지도 않고 떠나 버렸다. 그 다음 날 또 그곳을 지나는데 온갖 연희패들이 기기묘묘한 재주와 장난을 펼치고 있었다. 만수절 행사를 위해 방방곡곡에서 모여든 패거리들이었다. 비로소 어제의 그 소동이 요술 때문이라는 걸 알았다. 누군가 물었다.

"이런 요망한 술법은 분명 왕법으로 금하고 있는데도 도무지 두절될 기미가 없는 건 어인 까닭일까요?"

내가 답했다.

"이는 중국 땅이 크다는 걸 보여 주는 것일 테지요. 만일 천자가 좀스러워서 이런 짓거리를 집요하게 추궁한다면, 도리어 깊숙한 곳에 숨어 있다가 툭하면 나와서 세상을 흐려 놓을 것입니다. 그리 되면 천하의 근심거리가 될 테니 차라리 날마다 장난 삼아 구경하게 하는 거지요. 그러면 어린애나 아낙네들도 이것을 그저 기묘한 눈속임 정도로 치부하여 마음을 놀래고 눈을 빼앗기지 않을 터이니, 이 또한 세상을 다스리는 방편이 아니겠소."

이런 말을 주고받다 결국 나도 무리 속에 끼어 요술 구경을 하게 되었다.(모두 스무 가지였는데, 그중에서 몇 가지만 소개해 보겠다.-원주)

::  신기한 요술나라

　요술쟁이가 대야에 손을 씻고 수건으로 깨끗하게 닦은 뒤에 얼굴을 바로잡는다. 사방을 돌아보면서 손바닥을 치고 이리저리 손을 뒤집어 여러 사람들에게 보인다. 그런 다음, 왼손 엄지손가락과 둘째 손가락을 모아서 마주 비벼 대니, 갑자기 좁쌀 알갱이만 한 것이 생겨났다. 연거푸 계속 비벼 대니 알갱이가 점점 커져서 녹두알만 해지고 다시 앵두알만 하다가 다시 빈랑만 해지고 다시 달걀만 해졌다. 이에 두 손바닥으로 재빨리 비벼 굴리니 점점 더 둥글고 커졌는데 노랗고 흰 것이 거위알만 해졌다. 다음엔 별안간 수박만 해진다. 요술쟁이는 두 무릎을 꿇고 가슴을 벌리고 더 빨리 비벼 장구만 해지자 그만 탁자 위에 놓는다.
　모양은 둥글고 빛은 샛노랗고, 크기는 동이만 한 것이 다섯 말들이는 되어 보인다. 무겁고 단단해서 도저히 깨뜨릴 수가 없을 듯했다. 돌이나 쇠도 아니고, 나무나 가죽도 아니요 흙도 아닌데, 둥글게 생긴 것이 뭐라 이름 붙일 수도 없었으며, 냄새도 향기도 없어 마치 제

제공은 『산해경』에 나오는 귀신 새인데, 얼굴이 없고 붉게 타는 누런 자루처럼 생겼다. 제강(帝江)이라고도 한다.

공후工 같았다.

요술쟁이는 천천히 일어나 손뼉을 치면서 사방을 둘러보더니 다시 그 물건을 만지는데, 부드럽게 굴리고 따뜻하게 쓰다듬으니 차츰 부드러워지면서 점점 줄어들더니, 순식간에 다시 손바닥 속으로 쏙 들어간다. 마침내 알갱이만 해진 것을 두 손가락으로 비비다가 한 번 튕기니 획 사라져 버린다.

요술쟁이가 사람을 시켜 종이 몇 권을 길게 찢어서 큰 통에 있는 물속에 집어넣고 손으로 종이를 빨래하듯 젓는다. 그러자, 종이는 풀어지고 흐트러져서 흙을 물속에 넣은 것처럼 되었다. 여러 사람들을 두루 불러 통 속을 보이는데 종이와 물이 완전 뒤엉켜 있었다. 이때 요술쟁이가 손뼉을 치고 한 번 씨익 웃더니 두 소매를 걷어붙이고 통을 잡은 후, 종이를 건져 낸다. 두 손으로 길어 올리는 모양이 마치 고치에서 실을 뽑아 내는 것 같다. 그런데 종이가 서로 꿰매어져 있는 것이 처음에 길게 찢을 때와 똑같다. 이은 흔적이라곤 어디에도 없었다. 너비는 띠 같고 길이는 수백 발이나 되는데 땅바닥에 풀어 놓으니 바람에 펄럭거렸다. 다시 통 속을 들여다보니 물이 맑고 깨끗하여 막 길어 온 샘물 같았다.

## :: 엽기적인 너무나 엽기적인

　요술쟁이가 둥근 수정 구슬 두 개를 탁자 위에 놓았다. 크기가 계란보다 조금 작다. 한 개를 집어 입을 벌리고 집어넣으니 목구멍은 좁고 구슬은 커서 제대로 삼키질 못한다. 다시 토해 내어 도로 탁자 위에 놓는다. 다시 광주리 속에서 계란 두 개를 꺼내어 눈을 부릅뜨고 목을 늘이고서 알 하나를 삼키는데, 마치 닭이 지렁이를 삼키는 것 같고 뱀이 두꺼비알을 삼키는 것 같다. 목 속에 걸려 있는 꼴이 마치 혹이 달린 것처럼 보였다. 알 하나를 또 삼키니 목구멍이 꽉 막혀 재채기에 구역질을 해댄다. 목에 핏대가 서자 요술쟁이는 후회막심한 표정으로 대젓가락으로 목구멍을 쑤시니 젓가락이 꺾어서 땅에 떨어졌다. 하는 수 없어 입을 벌리고 사람들에게 보이는데 목구멍 속에는 알이 그냥 드러난다. 요술쟁이가 가슴을 치고 목을 두드리며 답답해하고 쩔쩔매는 꼴을 보자, 사람들은 탄식하였다.
　"쯧, 작은 재주를 갖고 어설프게 설치다가 아아, 개죽음을 당하는구나."

요술쟁이는 묵묵히 듣고 있다가 문득 귓불이 가려운 듯 귀를 기울이고 긁어 댔다. 손가락 끝으로 귓구멍을 후벼 흰 물건을 끄집어내니 앗! 계란이었다. 요술쟁이가 오른손으로 계란을 쥐고 여러 사람 앞에 두루 보이더니, 왼쪽 눈에 넣었다가 오른편 귀에서 뽑아 내고 오른편 눈에 넣었다가 왼편 귀에서 뽑아 내며, 콧구멍에 넣었다가 뒤통수로 뽑아 낸다. 목에는 아직도 남은 계란 한 개가 걸려 있다.

요술쟁이는 흰색이 나는 한 덩이 흙으로 땅에 큰 동그라미를 그은 뒤, 사람들을 동그라미 밖에 둘러앉게 했다. 그 다음에 모자를 벗고 옷을 끄르고 시퍼렇게 간 칼을 내어 땅 위에 꽂아 놓고는 다시 댓가지로 목을 쑤셔 계란을 깨뜨리려 하였다. 땅에 구부려 아무리 토하려 해도 알은 종내 나오지 않았다. 이에 땅에 꽂아 두었던 칼을 빼어 좌에서 우로, 우에서 좌로 휘두르다가, 공중을 향해 휙 던져 올린 다음 손바닥으로 받더니, 다시 한 번 휙 던지고는 하늘을 향하여 입을 쩍 벌린다. 순간, 칼끝이 바로 떨어져 입 속에 꽂힌다. 사람들은 얼굴이 흙빛이 되어 다들 기절하기 직전이다.

요술쟁이는 고개를 젖히고 두 팔을 늘이고 한참 동안 뻣뻣이 선 채, 눈 한 번 깜빡하지 않고 하늘을 똑바로 쳐다보면서 칼을 삼키기 시작하는데, 병을 기울여 무엇을 마시듯 목과 배가 서로 호응하는 것이 성난 두꺼비 배처럼 불룩불룩거렸다. 칼이 뱃속으로 다 들어가고, 칼자루만 남았다. 칼고리가 이빨에 걸린 탓이다. 요술쟁이는 네 발로 기듯이 칼자루를 땅에 쿡쿡 다지니 이빨과 칼고리가 맞부딪쳐 딱딱 소리가 났다.

다시 일어나서 주먹으로 칼자루 머리를 치고는 한 손으로 배를 만지고 다른 한 손으로는 칼자루를 잡고 휘두르니, 배 속에서 칼이 오르내리는 것이 살가죽 밑에서 붓으로 종이에 줄을 긋는 듯하였다. 사람들은 가슴이 섬뜩하여 차마 똑바로 보지를 못한다. 어린애들은 기겁을 하여 울면서 엎어질 듯 꼬꾸라질 듯 사방으로 달아났다. 그러자, 요술쟁이는 손뼉을 치고 사방을 돌아보며 늠름하게 똑바로 서서 이내 천천히 칼을 뽑아 두 손으로 받들어 든다. 사람들의 눈앞에 두루 보이면서 인사를 하는데, 칼끝에 묻은 핏방울에는 아직도 더운 기운이 무럭무럭 났다.

::  눈속임

　요술쟁이는 기둥을 등지고 서서 손을 뒤로 젖혀 붙인 다음, 사람을 시켜 두 엄지손가락을 묶으라 했다. 기둥은 두 팔 사이에 있고 두 엄지손가락은 검푸르게 되어 아픔을 참지 못하니, 눈살을 찌푸리지 않는 이가 없었다. 하지만, 잠시 후 요술쟁이가 기둥에서 떨어져 서는데 손은 가슴 앞에 있고 묶은 데는 여전히 풀리지 않은 채다. 손가락의 피가 몰려서 피부가 더욱 검붉어져 아프다고 울부짖었다. 이에 여러 사람이 노끈을 풀어 주니 혈기가 통하여 아픔은 가라앉았지만 노끈 자리는 아직도 불그레했다.
　우리 일행 중의 한 역부가 뚫어지게 보다가 성깔이 나서 붉으락푸르락 하더니만 주머니를 털어 돈을 내놓는다. 큰 목소리로 요술쟁이를 불러 돈을 주고는, 다시 한 번 자세히 보기를 요구한다. 요술쟁이는 하소연하듯 말했다.
　"정 못 믿겠으면, 그럼 직접 묶어 보시구려."
　역부는 씩씩거리며 앞서 묶었던 노끈은 던져 버리고 자기가 가진 채찍을 끌러 입에 물어 침을 축인 다음 요술쟁이를 붙들어 등에 기둥을 지우고 손을 뒤로 젖혀서 묶는데 먼젓번보다 훨씬 세게 묶었다. 요술쟁이는 아파 죽겠다며 울부짖는데 통증이 뼛속까지 파고들자 닭똥 같은 눈물을 철철 흘린다.

"흥, 이젠 절대 꼼짝 못할 테지."

그 사이에 구경꾼들은 더욱 늘어났는데, 눈 깜짝할 사이에 요술쟁이는 벌써 기둥을 떠나 서 있고 묶은 데는 끝끝내 풀어지지 않았다. 역부는 완전히 얼이 빠진 표정이다. 이처럼 신통한 모습을 세 번씩이나 보았으나 어찌된 영문인지 당최 알 수가 없었다.

요술쟁이는 손을 보자기 밑에 넣어 사과 세 개를 끄집어냈다. 가지가 연하고 잎이 붙은 것을 하나 내밀더니 우리 일행 중 한 명에게 사라고 청한다. 그이는 머리를 휘휘 저으며 말했다.

"네가 전일에 늘상 말똥으로 사람을 희롱한단 말을 들었거든."

요술쟁이는 웃으면서 아무런 변명도 하지 않는다. 그러자 여러 사람들이 다투어 사서 먹었다. 다들 맛있다고 난리다. 그제야 아까 그이가 저도 사겠다고 한다. 요술쟁이는 몹시 아까워하는 시늉을 하다가 마지못해 한 개를 집어 준다. 그런데 웬걸! 한 입 베어 먹고는 바로 토해 버린다. 말똥이 입 안에 가득했던 것이다. 온 저자 사람들이 웃음을 터뜨렸다.

요술쟁이는 금호로병을 탁자 위에 놓았다. 이어서 공작의 깃털이

꽂혀 있는 녹색 구리화병을 내놓았다. 잠시 후 금호로병이 사라져 버렸다. 요술쟁이는 구경꾼들 중의 한 사람을 가리켰다.

"저 노인네가 감추었어."

그러자 그이가 벌컥 화를 냈다.

"뭐라고? 이런 무례한 것 같으니!"

요술쟁이가 웃으며 말했다.

"노인께서 거짓말을 하시다니요. 호로병은 바로 노야의 품속에 있습니다."

노인은 더욱 성을 내며 마구 욕을 뱉으면서 옷을 한번 털어 보였다. 그러자 땡그랑 소리가 나면서 품속에서 금호로병이 떨어졌다. 온 저자 사람들이 일제히 웃어 댔다. 노인은 어안이 벙벙해하다가 슬그머니 딴 사람 등 뒤에 가서 섰다.

:: 꿈속에 또 꿈

　요술쟁이는 탁자 위를 깨끗이 닦고 도서를 나란히 진열했다. 조그만 향로에 향불을 피우고 흰 유리접시에 복숭아 세 개를 담아 두었는데 복숭아는 모두 큰 대접만 했다.
　탁자 앞에 바둑판과 바둑알을 담은 통을 놓고 돗자리를 단정하게 깔아 놓았다. 잠깐 휘장으로 탁자를 가렸다가 조금 후에 다시 걷었다. 그러자 탁자 위에 여러 기이한 사람들이 등장했다. 구슬 관에 연잎 옷을 입은 자도 있고, 신선의 옷과 신발을 걸친 사람도 있으며, 나뭇잎으로 옷을 해 입고 맨발로 있는 자도 있었다. 어떤 사람들은 마주 앉아 바둑을 두기도 하며, 어떤 이들은 지팡이를 짚은 채 옆에 서 있기도 했다. 그런가 하면, 턱을 고이고 앉아서 조는 이도 있었다. 모두가 수염이 아름답고 얼굴은 예스러웠다.
　잠시 후, 접시에 담긴 복숭아 세 개에서 갑자기 가지가 돋고 잎이 붙고 가지 끝에 꽃이 피었다. 구슬 관을 쓴 이들이 복숭아 한 개를 따서 서로 나누어 베어 먹는다. 먹다 뱉은 씨를 땅에 심고 나서 또 다른 복숭아 한 개를 절반도 채 못 먹었는데 땅에 심은 복숭아는 벌써 몇 자가 자라서 꽃이 피고 열매를 맺었다. 그러자 바둑 두던 자들이 갑자기 머리가 반백이 되더니 금방 하얗게 세어 버렸다.

  요술쟁이는 커다란 유리 거울을 탁자 위에 놓고 시렁을 만들어 세웠다. 이때 요술쟁이가 여러 사람들을 불러서 거울을 열어 안을 구경하게 하였다. 거울 안에 소설 같은 장면이 펼쳐졌다. 여러 층 누각과 몇 겹 전각이 단청을 곱게 했는데, 관원 한 사람이 손에 파리채를 잡고 난간을 따라 서서히 걸어가고 있다. 아름다운 계집들이 서넛씩 짝을 지어 혹은 보검을 지니고 혹은 금병을 들고, 혹은 생황을 불고 혹은 비단공도 차는데, 구름 같은 머리와 아름다운 귀고리가 묘하고 곱기가 비길 바가 없었다. 방 안에 놓인 수많은 기물들은 종류마다 보배로운 것이어서 참으로 세상에서 지극한 부귀를 누리는 이들 같았다. 이에 사람들은 부러움을 참지 못하여, 이것이 거울인 줄도 잊어버리고 그 안으로 뚫고 들어가려 했다.

  그러자 요술쟁이는 구경꾼들을 꾸짖어 물리치고는 즉시 거울 문을 닫아 버렸다. 그런 다음 한참을 이리저리 거닐다가 사방을 향하여 무슨 노래를 부르고는 다시 거울 문을 열어 사람들을 불러와 보라고 했다. 오, 맙소사! 그 사이에 세월이 얼마나 지났는지 전각은 적막하고 누각은 황량한데 아름다운 여인들은 어디론가 다 사라져 버리고 다만 한 사람이 방 안의 침상에서 옆으로 누워 자는데, 옆에는 멀쩡한 기물이 하나도 없었다. 손으로 귀를 받치고 누워 있는데 정수리에서는 김 같은 것이 연기처럼 모락모락 피어오른다. 처음은 가늘고 끝은 둥글어서 모양이 마치 늘어진 젖통 같았다. 버들 귀신이 앞에서 인도하고 박쥐가 깃발을 들고는 이마에서 나오는 김을 타고 올라가 안개 속에서 노닌다. 잠자던 자는 기지개를 켜면서 잠에서 깰 듯하다가 다시 잠이 든다. 갑자기 두 다리가 수레바퀴로 바뀌는데 바퀴살은 아직 채 덜 되었다. 그러자 구경꾼들은 등골이 오싹하여 거울을 등지고 정신없이 달아났다.

아! 이 장면에서 나도 모르게 탄성이 절로 나왔다. 그렇구나. 세계의 몽환이 본디 이와 같아서 거울 속의 염량炎凉 변천이나 하나도 다를 바가 없구나. 인간 세상의 가지가지 일들도 다 그러하여, 아침에 무성했다가 저녁에 시들고, 어제의 부자가 오늘은 가난해지고, 잠깐 젊었다가 갑자기 늙는 법이다. 거울 속의 장면이 마치 '꿈속에 꿈' 이야기를 하는 것 같으니, 나고 죽는 일이나 있거나 없는 일들 중에 대체 무엇이 참이고 무엇이 거짓이리오.

그러니 세상에 착한 마음과 보살심을 지닌 형제들에게 말하노라. 환영에 불과한 세상에 몽환 같은 몸으로 거품 같은 금과 번개 같은 비단으로 인연이 얽어져서 기운에 따라 잠시 머무를 뿐이니, 원컨대 이 거울을 표준 삼아 덥다고 나아가지 말고, 차다고 물러서지 말며, 몸에 지닌 재산을 지금 당장 흩어서 가난한 자를 두루 구제할지어다.

## :: 소경의 눈물

요술쟁이는 큰 동이 하나를 탁자 위에 놓고 수건으로 깨끗하게 닦더니 붉은 옷감으로 위를 덮으며, 곧 무슨 요술을 부릴 듯하였다. 동작을 하던 도중에 품속에서 접시 하나가 쨍그랑하고 땅에 떨어지면서 붉은 대추가 흩어지니, 사람들이 일제히 웃고 요술쟁이도 따라 웃었다. 그릇과 도구를 주워 담고는 이내 연희를 마쳤다. 이것은 재주가 없어서가 아니라, 날이 저물어 바야흐로 끝낼 때가 되었으므로 일부러 접시를 깨뜨려 사람들로 하여금 본디 이 모든 것이 한낱 거짓임을 알게 해준 것이다.

이에 내가 함께 보던 이에게 말했다.

"시비를 분별하지 못하고 참과 거짓을 살피지 못한다면, 눈이 대체 무슨 소용이랍니까? 항상 요술을 부리는 이들에게 속아 넘어가는 걸 보면 눈이란 참으로 허황하다 할 것입니다. 이럴 땐 거꾸로 눈으로써 밝게 본다는 것이 도리어 탈이 되는 셈이죠."

그러자 그가 이렇게 물었다.

"뛰어난 요술쟁이라 해도 소경한테는 눈속임을 할 수 없겠지요? 그렇다면 본다는 건 과연 무엇일까요?"

이에 내가 화담 서경덕 선생의 일화를 들려주었다.

서화담 선생이 길에 주저앉아 울고 있는 자를 만났다.

"네 어찌 울고 있느냐?"

"제가 세 살에 소경이 되어 이제 40년이 되었는데, 이전에는 걸음을 걸을 때는 발을 의지해서 보고, 물건을 잡을 때는 손을 의지해서 보았습니다. 목소리를 들어 사람을 분별할 때는 귀를 의지해서 보는 것이요, 냄새를 맡아 물건을 살필 때에는 코를 의지해서 보는 것이었습니다. 딴 사람들은 두 눈만 가졌지만 저는 수족과 코, 귀 모두 눈이 아닌 것이 없었습니다. 어디 수족과 귀와 코뿐이었겠습니까. 해가 이르고 늦은 것은 낮에 피로한 것으로 보고 물건의 형용과 빛깔은 밤에 꿈으로 보아서, 살아가는 데 아무런 장애도 없고 의심과 혼란도 없었습니다.

그런데, 이제 길을 걸어오다가 홀연히 두 눈이 맑아지고 동자가 저절로 열려 버렸습니다. 그러자 천지의 광대함과 산천의 기묘함이 눈을 가리고 온갖 의심이 가슴을 꽉 막았습니다. 수족과 귀와 코는 착각을 일으켜 마구 뒤엉켜 버려서 이전의 일정했던 감각을 잃고 보니, 집을 찾아갈 방법이 없습니다. 그래서 이렇게 울고 있는 것입니다."

"그렇다면, 네 길잡이에게 물어보면 될 것 아니냐?"

"제 눈이 이미 밝았으니 그게 무슨 소용이겠습니까?"

"그렇다면, 도로 눈을 감아라. 그러면 네가 선 자리가 곧 너의 집일 것이다."

"이로써 보자면, 눈이란 그 밝음을 자랑할 것이 못 됩니다. 오늘 요술을 구경하는 데도 요술쟁이가 눈속임을 해서 속는 것이 아니라, 실은 보는 자가 제 자신을 속이는 것일 따름이지요."

"네, 그렇습니다. 요술의 술법은 비록 천변만화를 하더라도 두려울 게 없습니다. 그러나 천하에 두려워할 만한 요술이 있으니, 그것은 크게 간사한 자가 충성스러운 체하는 것과 향원鄕愿(『논어』에 나오는 말. 겸손하고 삼가는 체하면서도 속으론 자신의 잇속을 챙기는 위선적인 사람)이면서도 덕행이 있는 체하는 것일 겁니다."

"물론이지요. 웃음 속에 칼이 있는 것이 아까 요술쟁이가 입 속으로 칼을 삼키는 것보다 더 혹독하지 않을까요?"

서로 크게 웃으면서 일어났다.

:: 길 위의 삶

  이 여행이 시작되는 즈음, 연암은 압록강을 건너며 물었다. "그대, 길을 아는가?" 그리고 이렇게 답했다. "길이란 바로 저 강과 언덕 사이에 있다."고. 이제 여행의 마지막 장에서 연암의 질문은 이렇게 바뀌었다. "그대, 길을 잃었는가?" 그리고 이렇게 답한다. "그렇다면, 도로 눈을 감고 가라."

  '길은 사이에 있다'와 '도로 눈을 감고 가시오'. 이 둘은 같은 말인가, 다른 말인가? 같은 말일 수도 있고, 전혀 다른 말일 수도 있다. 물론 두 가지 다 눈을 믿지 말라고 하는 점에선 상통한다.

  하룻밤에 아홉 번 강을 건너면서 깨달았듯이, 사람들은 오직 눈과 귀만을 믿기 때문에 사물이나 사건의 본래면목을 보지 못한다. 눈과 귀는 절대 객관적이지 않다. 이미 특정한 방식으로 '세팅'되어 있기 때문이다. 컴퓨터 프로그램의 초기화를 떠올리면 된다. 요술쟁이는 바로 그 점을 적극 공략한다. 요술은 환희, 곧 망상놀이다. 우리의 시선을 역이용하여 온갖 망상들을 만들어 내는 것이다. 그래서 눈을 부릅뜨면 뜰수록 더더욱 속게 된다.

　장님이 갑자기 눈을 뜨게 되면 길을 잃게 되는 것도 그 때문이다. 선천적인 장님이었다가 시력이 회복되면, 폭포처럼 쏟아지는 색채들의 범람 속에서 방향과 감각이 뒤죽박죽되어 버린다고 한다. 눈을 통해 들어오는 갖가지 정보를 어떻게 받아들여야 할지를 모르기 때문이다. 그러니 집으로 가는 길을 찾으려면 다시 눈을 감아야 한다.

　어디 장님만 이러하랴. 우리네 삶이 온통 이런 식일 터, 보이는 걸 그냥 좇다 '무명無明의 늪'에 빠져 허우적대는 일이 얼마나 많은가. 장님이 집으로 돌아가기 위해선 도로 눈을 감아야 하듯, 우리 또한 보고 듣는 것에 휘둘리지 말고 그 너머에 있는 심연을 응시해야 할 것이다. 그때야 비로소 양변을 떠나 '사이에서' 사유하는 것이 가능해지지 않을까? 그러고 보면 '사이에서 사유하기'와 '도로 눈을 감는 일'은 뫼비우스의 띠처럼 맞물려 있는 셈이다.

　이제 연암의 여행은 막바지를 향해 달려가고 있다. 열하에서의 시간도 곧 끝날 것이다. 그는 어디쯤 가고 있을까? 그리고 그를 따라나선 우리들은 또 어디로 가고 있을까? 대체 누가 그걸 알 수 있으랴. 다만, 분명한 건 연암도 우리도 무릇 '길 위의 존재'라는 점이다. 길 위에서 나고 길을 걷다 길 위에서 삶을 마감하는 존재. 하여, 여행은 이제 곧 끝나겠지만, 어쩌면 그때부터 연암은 또 다른 여행을 준비할 것이다. 삶이 길이고, 길이 곧 삶이 되는 그런 여행을. 그렇다면, 그와 함께 먼 길을 동행한 우리 또한 마땅히 그래야 하지 않을까?

• 부록

함께 읽으면 좋은 책들

박종채, 박희병 옮김, 『나의 아버지 박지원』, 돌베개, 1998.

연암의 둘째 아들 박종채가 쓴 아버지의 일대기. 어린 시절부터 노년에 이르기까지 연암의 성격과 일상, 공부와 우정, 사상과 문장에 관한 흥미진진한 에피소드들이 두루 실려 있다.

박지원, 박희병 옮김, 『고추장 작은 단지를 보내니』, 돌베개, 2005.

연암이 가족과 친지들에게 쓴 편지글 모음. 연암의 자상하고도 진솔한 목소리를 직접 들을 수 있다. 고추장을 담아 아들에게 보내는 장면이나 갓 태어난 손자의 얼굴이 궁금해서 좀 자세히 적어 보내라고 아들을 채근하는 장면 등 연암의 일상과 마음씨가 손에 잡힐 듯 생생하다.

정민, 『비슷한 것은 가짜다』, 태학사, 2000.

연암의 산문 가운데 에센스만 모아 자상한 해설을 덧붙인 책. 연암 문장의 저력을 한눈에 조감할 수 있다. 연암도 연암이지만, 각 문장들을 안내하는 정민 선생님의 목소리 또한 친절하면서도 감칠 맛이 넘친다.

홍대용, 김태준 외 옮김, 『산해관 잠긴 문을 한 손으로 밀치도다』, 돌베개, 2001.

연암의 절친한 친구 홍대용의 연행록. 홍대용은 연암보다 15년이나 앞서 중국을 다녀왔는데, 신기하게도 그의 연행록은 한문본과 함께 한글본이 동시에 남아 있다. 이 책은 그 한글본을 우리 시대의 언어로 변환한 것이다. 당대 최고의 과학자였던 홍대용의 사상적 편폭은 물론 인간적 면모까지 파악할 수 있다. 특히 연경의 '유리창'에서 절강성 출신 세 선비들과 교유하는 장면은 압권이다.

김영호, 『조선의 협객 백동수』, 푸른역사, 2002.

연암의 멋진 친구, 백동수의 일대기. 조선 제일의 창검술을 자랑하는 무사 백동수를 통해 조선 시대 협객들의 비화를 엿볼 수 있다. 아울러 백동수는 이덕무, 박제가와도 막역한 사이였기 때문에 연암 그룹의 활약상과 18세기 지성사의 지적 분위기를 파악하는 데도 아주 유용한 책이다.

박제가, 안대회 옮김, 『북학의』, 돌베개, 2003.

박제가의 연행록이자 북학파의 사상적 특징을 잘 보여 주는 대표적 저작에 속한다. 누에치기, 가축기르기에서부터 성곽 축조, 배와 수레의 제작에 이르기까지 청 문명의 진수를 일목요연하게 정리해 놓았다. 연암이 그 서문을 썼다.

박지원, 리상호 옮김, 『열하일기』(전3권), 보리, 2004.

북한에서 나온 완역본을 보리출판사에서 정성껏 재편집하여 출간한 책. 양이 좀 방대하긴 하지만 『열하일기』의 전모가 궁금하다면 청소년 독자들도 꼭 한번 도전해 봄직한 책이다. 고전을 소화하는 뚝심을 기를 수 있을 뿐 아니라, 보너스로 북한식 일상어와 표현을 접하는 묘미도 맛볼 수 있다. 이 밖에 『세계 최고의 여행기 열하일기(상·하)』(고미숙, 길진숙, 김풍기 공역, 그린비, 2008)와 완역본 『열하일기』(김혈조 옮김, 돌베개, 2009) 등도 좋은 길잡이가 될 만하다.

## 박지원 연보

| | |
|---|---|
| 1737년 | 3월 5일(음력 2월 5일) 출생. 반남潘南 박씨 사유와 함평 이씨 사이에서 2남 2녀 중 막내로 태어났다. 자는 중미仲美, 호는 연암燕巖. |
| 1752년(16세) | 관례를 올리고 유안재 이보천의 딸과 혼인했다. 연암의 장인 이보천은 우암 송시열의 학통을 계승한 산림처사였다. 연암은 장인에게서 『맹자孟子』를 배웠고, 이보천의 동생 이양천에게서 사마천의 글을 배워 문장 짓는 법을 터득했다. 이보천은 사상과 학문 면에서 연암에게 큰 영향을 주었다. |
| 1755년(19세) | 〈광문자전〉을 지었다. |
| 1756년(20세) | 대제학으로 있던 황경원에게 글을 가지고 가 가르침을 구하자, 황 공이 크게 감탄하며, "훗날 이 자리에 앉을 사람은 틀림없이 자넬 걸세!"라고 말했다. |
| 1757년(21세) | 스무 살 남짓한 시기에 까닭을 알 수 없는 불면증에 시달리며 한숨도 자지 못하는 날들이 이어졌다. 무료함을 잊고 병을 달래기 위해 『방경각외전』을 지었다. 본래 9편의 전傳을 지었지만, 〈마장전〉, 〈예덕선생전〉, 〈민옹전〉, 〈양반전〉, 〈김신선전〉, 〈광문자전〉, 〈우상전〉만 남아 전하며, 〈역학대도전〉은 스스로 불태워 없앴고 이때 〈봉산학자전〉도 함께 소실된 듯하다. |
| 1759년(23세) | 어머니 함평 이씨가 향년 59세로 돌아가셨다. 큰딸이 태어났다. |
| 1760년(24세) | 할아버지 박필균이 76세로 돌아가셨다. |
| 1765년(29세) | 유언호 등과 금강산 일대를 두루 유람하였고, 이때 그의 대표적 시작품에 해당하는 〈총석정관일출叢石亭觀日出〉를 지었다. |
| 1766년(30세) | 큰아들 종의가 태어났다. |

1767년(31세)   아버지 박사유가 향년 65세로 돌아가셨다. 돌아가시기 110일 전 아버지의 병환이 위중하여 하마터면 돌아가실 뻔했는데, 연암이 중지를 칼로 베어 약에 피를 타서 올렸더니 그걸 드시고 곧 소생하였다. 그러곤 약 넉 달을 더 사신 것이다. 아버지를 여읜 뒤 연암은 형(박희원)과 형수를 부모처럼 섬겼다.

1768년(32세)   백탑 근처로 이사했다.

1770년(34세)   '감시監試(진사進士와 생원生員을 뽑는 사마시의 별칭. 소과라고도 함)'의 1차 시험에서 장원을 함. 임금이 대궐로 들어와 접견하라는 특명을 내리고, 도승지에게 연암의 답안지를 읽게 하였다. 2차 시험인 '회시會試'를 볼 뜻이 없었으나 친구들의 권유를 뿌리치지 못해 시험에 응하긴 했지만 답안지를 제출하지 않았다.

1771년(35세)   이덕무, 이서구, 백동수 등과 어울려 송도, 평양, 천마산, 묘향산, 속리산, 가야산, 화양, 단양 등을 유람하였다. 황해도 금천군에서 연암골을 발견하고선 매우 흡족해하며 이곳에 은거하기로 마음먹고, 연암을 호로 삼았다.

1772년(36세)   가족을 처가로 보내고 혼자 전의감동에 살면서 벗들과의 교유를 더욱 돈독히 했다.

1773년(37세)   유득공, 이덕무와 서도를 유람했다.

1777년(41세)   장인 이보천이 64세로 돌아가셨다. 장인의 빈소에서 곡을 하고 글을 지어 죽음을 애도했다.

1778년(42세)   정조를 즉위시킨 홍국영의 반대파 숙청의 칼날을 피해 가족을 데리고 연암골로 들어갔다. 절친한 벗 유언호가 연암골에서 가까운 개성유수로 부임해 와 연암의 생활을 돌봐 주었다.
가난한 집안의 생계를 도맡아 온 형수 이공인이 55세로 돌아가셨다.
이덕무와 박제가 사신으로 북경에 갔다.

1779년(43세)   이덕무, 박제가, 유득공이 규장각 초대 검서관으로 기용되었다.

1780년(44세)   홍국영이 실각하자 서울로 돌아와 처남인 지계공 이재성의 집에 머물렀다.

이해 5월 영조의 사위인 삼종형 박명원이 정사로 이끄는 사절단의 일원이 되어 연행길에 올랐다. 음력 5월에 한양을 출발해 6월에 압록강을 건너 8월에 북경에 들어가 10월에 귀국하였다.
둘째 아들 종채가 태어났다.

1781년(45세)  박제가의 『북학의』에 서문을 써 주었다.

1783년(47세)  가장 친한 벗 담헌 홍대용이 53세로 세상을 떠났다.

1786년(50세)  유언호가 천거하여 선공감역에 임명되었다.

1787년(51세)  연암의 부인 전주 이씨가 51세로 세상을 떠났다. 큰형 박희원도 이해 58세로 세상을 떠났다.

1788년(52세)  매해 12월에 승진 대상자를 선별하는 절차가 있었는데, 이조에서 연암의 이름을 명단에 넣고자 하였으나, 연암은 자신의 선공감 감역 임기가 아직 6일이나 남았다 하여 굳이 이름을 빼게 하였다.
1788년과 1789년 사이에 『열하일기』를 두고 '오랑캐의 연호를 사용한 원고'라는 비방과 연암이 '오랑캐의 옷을 입고 백성을 다스린다'는 비방이 동시에 일어나 큰 위기에 처했다.
성홍열이 돌아 큰딸과 맏며느리가 목숨을 잃었다.

1789년(53세)  비로소 6월에 평시서平市署(물가, 도량형 등에 관한 일과 상인 보호를 맡은 관아) 주부로 승진하였다.
정조가 주교舟橋(배다리)를 만들 것을 명하여, 이듬해 완성하였다.

1790년(54세)  사복시司僕寺(궁중의 가마나 말에 관한 일을 맡아 보던 관청) 주부로 직책이 바뀌었지만 승지承旨로 있던 유언호와의 친분으로 임명되었다는 오해를 살 것을 꺼려 취임하지 않았다. 이조에서 다시 의금부義禁府 도사都事(관리의 감찰과 규탄을 맡아 본 종5품 벼슬)로 전보 발령을 내렸다.
사헌부司憲府 감찰監察로 임명되었으나, 사헌부의 명칭이 중부仲父의 이름(박사헌)과 음이 같음을 꺼려 취임하지 않았다. 다시 제릉령齊陵令(태조의 비 신의왕후 한씨의 능을 관리하는 관직. 제릉은 연암골에서 가까운 개풍에 있다)에 임명되었다. 이에 비로소 한가로운 곳에서 마음대로 독서하고 저술할 수 있게 된 것을 기뻐하였다. 이 즈음 또다시 연암을 의심하고 헐뜯는 소리들이 들끓었으나 개의치 않았다. 그로부터 15개월 뒤 임금의 낙점을 받아 서울로 들어가게 된다.

금성도위錦城都尉 박명원이 작고하였다. 정조가 박지원으로 하여금 묘지명을 짓게 하였다.

1791년(55세)  한성부漢城府 판관判官(종5품의 벼슬. 한성부는 지금의 서울시청에 해당함)에 임명되었다.
겨울에 안의현감安義縣監에 임명되어 다음해 정월, 임지에 부임하였다. 안의현은 지금의 경상남도 함양군 안의면이다. 연암은 안의현감으로 있으면서 "백성들에게 소소한 은혜를 베풀어 명예를 구하는 데 연연하지 않고 큰 도리를 지켜서 백성들을 동요시키지 않음을 요체"로 삼았다.

1792년(56세)  나라에 큰 흉년이 들었다.

1793년(57세)  봄에 사진私賑(관이 아닌 개인이 백성을 구휼하는 것)을 시행하여 안의현의 극심한 흉년을 구제하였다. 연암은 감사에게 보내는 편지에서 "비록 이름은 사진이지만 곡식은 이 땅에서 나는 것입니다. 이 땅에서 나는 곡식으로 이 땅의 백성을 구휼하거늘 어찌 공진이니 사진이니 따질 게 있겠습니까?"라고 했다.
관아 한 곳에 있던 황폐한 창고를 헐고, 거기에 연못을 파고 못가에는 중국식으로 벽돌을 쌓아 집을 지었다. 하풍죽로당荷風竹露堂, 연상각烟湘閣, 공작관孔雀館, 백척오동각百尺梧桐閣이 그것이다. 처남 이재성, 김기무, 큰사위 이종목, 작은사위 이겸수를 초대하여 술자리를 마련했다.
정조 16년. 이른바 소설이나 패관잡기 등 고문에 반하는 글쓰기를 임금이 손수 검열하고 나선 '문체반정'이 실시되었다. 정조는 그 주동자로 연암과 『열하일기』를 지목하고, 잘못을 반성하는 바른 글을 지어 올리라는 엄중한 하교를 내렸다. 이 일이 있기 전에 정조는 이덕무, 박제가, 백동수 등이 편찬한 종합무예서『무예도보통지』를 보고는, "연암의 문체를 본떴구나."라고 한 적이 있었다.
이덕무가 53세로 세상을 떠났다. 정조의 명으로 그의 행장을 지었다. 「형암행장炯庵行狀」이 그것이다.

1794년(58세)  정조 18년. 정조가 자신의 어머니 혜경궁 홍씨의 환갑을 기념하여 신하와 백성들에게 큰 은혜를 베풀었다.

1795년(59세)  정조 19년. 전라감사로 재직 중이던 이서구가 천주교도들을 비호한다는 무고로 인해 영해寧海로 귀양 갔다.

1796년(60세)　봄에 서울로 자리를 옮겼다. 몇 년 뒤 안의현의 아전 하나가 편지를 보내 백성들이 구리를 녹여 송덕비를 세우려 한다는 사실을 알려왔다. 연암은 그런 일은 나의 본뜻을 몰라서 하는 행동이며 나라에서도 금하는 일이라고 엄하게 꾸짖어 중단케 하였다.
제용감濟用監 주부에 임명되었는데, 얼마후 의금부 도사로 발령이 났다가 다시 의릉령懿陵令(경종과 선의왕후의 능을 지키는 종5품 벼슬)으로 자리를 옮겼다.
벗 유언호가 67세로 세상을 떠났다.

1797년(61세)　7월에 면천沔川(지금 충남 당진 일대) 군수로 부임하였다. 임명이 되자 입궐하여 사은하라는 명령을 받고 어전에 나가 임금을 알현하였다. 이에 정조는 지난번 문체반정의 어명을 언급하며 이번에 좋은 글감이 있으니 글 한 편을 지어 바치라 다시 명했다. 연암은 결국 이 글감으로 글을 지어 바쳤다.

1798년(62세)　이때 면천군에는 천주교가 크게 성했다. 무도한 형벌로는 도저히 근절될 기미가 보이지 않자, 공무를 파한 뒤 신자들을 대청 아래 불러다 부모의 천륜과 은혜가 중함을 거듭 가르치니, 이에 감복하고 교화되지 않는 이가 없었다. 그리하여 1801년(순조 1년)에 천주교도들을 대대적으로 박해한 신유사옥 때 화를 면한 고을은 면천군이 유일했다.

1799년(63세)　봄에 흉년이 들자 안의현에서 한 것처럼 사진을 행하여 백성들을 구휼하였다.
임금의 뜻을 받들어 농서『과농소초課農小抄』를 지어 바쳤다. 연암골에 기거하던 시절, 틈틈이 농서를 읽고 발췌해 놓은 글에 자신의 견해를 덧붙이고 중국에서 견문한 사실을 추가해 14권으로 엮은 것이다. 정조는 "농서대전은 박지원으로 하여금 편찬케 해야 할 것이야."라며 여러 번 칭찬하였다. 그러나 정조가 이듬해 세상을 떠났으니, 농서대전의 편찬은 이루어지지 못했다.

1800년(64세)　6월에 정조가 승하하였다. 관찰사 김이양이 정조대왕의 진향문進香文(국상 때 신위나 영전에 향을 바치며 지어 올리는 글)을 짓는 제술관에 연암을 임명했다.
8월에 양양襄陽 부사로 승진해, 9월에 부임했다.

| | |
|---|---|
| 1801년(65세) | 순조 즉위. 연암은 양양 부사를 끝으로 관직에서 물러나 상경하였다. |
| 1802년(66세) | 겨울에 조부인 장간공 박필균의 묘를 포천으로 이장했는데, 오래전 자신의 글을 낮게 평가했다는 이유로 연암에게 유감을 품고 있던 유한준의 사주로 조부의 묘가 파헤쳐지는 일이 벌어졌다. 연암의 집안에서 경기도 감영에 송사를 제기하자, 유한준도 감사에게 편지를 보냈지만 그 내용이 모두 사리에 맞지 않았다. 연암은 소송 결과를 기다리지 않고 다른 산을 구해 이장하려 하였으나, 유한준이 다시 젊은이들을 사주하여 묘를 파내는 패악을 저질렀다. 이에 연암은 필시 무슨 음모가 있는 것으로 여겨 더 이상 상대하지 않고 다른 묫자리를 구해 이장했다. |
| 1805년(69세) | 12월 10일(음력 10월 20일) 오전 8시경, 가회방嘉會坊 재동齋洞 집의 사랑에서 향년 69세로 숨을 거두었다. 유언은 깨끗이 목욕시켜 달라는 말뿐이었다. 연암과 평생 지기이자 글벗으로 지낸 처남 이재성이 제문을 지어 연암의 죽음을 애도했다. |
| 1826년 | 차남 종채가 부친의 언행을 기록한 『과정록過庭錄』을 완성했다. |
| 1829년 | 효명세자孝明世子(순조의 아들. 1827년부터 부왕을 대신해 선정에 힘썼으나 4년 만에 서거하였다.)가 규장각 관원을 보내 연암이 남긴 글을 빠짐없이 올리라 분부하였다. 그러나 이듬해 효명세자가 세상을 떠나고, 연암의 글은 반환되었다. 반환된 책에는 책장이 접히고 붉은 붓으로 표시한 곳이 한두 군데가 아니었다. |
| 1900년 | 창강 김택영이 『연암집』을 간행하였다. |
| 1901년 | 김택영이 『연암속집』을 간행하였다. |
| 1932년 | 박영철이 『연암집』을 간행하였다. |
| 1967년 | 민족문화추진회가 국역본 『열하일기』를 펴냈다. |

## 『열하일기』 원목차

『열하일기』는 총 26권 10책으로 구성되어 있다. 연암의 사후 집이 후대에 이르러 간행된 것은 1900년 창강 김택영이 나온 6책으로 엮은 연암집(燕巖集)이 처음이다. 광문회 『연암집』은 김택영의 의도에 따라 연암의 저작 중 많은 부분이 빠져 있어, 사실상 연암의 유작들을 집대성한 진정한 『연암집』은 1932년 17권 6책으로 간행된 박영철본(朴榮喆本)이라 할 수 있다. 박영철본은 연암의 아들 종채 등이 편집해 둔 57권 18책을 저본으로 삼은 것이다.

### 제1책

#### 권1 도강록渡江錄

1780년 6월 24일~7월 9일, 압록강을 건너 요양遼陽에 이르기까지의 기록. 날짜별 기행문 형식으로 되어 있고, 따로 〈구요동기舊遼東記〉,〈요동백탑기遼東白塔記〉,〈관제묘기關帝廟記〉,〈광우사기廣祐寺記〉 등의 잡록 4편이 들어 있다.

### 제2책

#### 권2 성경잡지盛京雜識

7월 10일~14일, 십리하十里河에서 소흑산小黑山에 이르기까지의 기록. 〈속재필담粟齋筆談〉,〈상루필담商樓筆談〉,〈고동록古董錄〉,〈성경가람기盛京伽藍記〉,〈산천기략山川記略〉 등이 들어 있다.

제3책

권3 일신수필馹汛隨筆

7월 15일~23일, 신광녕新廣寧에서 산해관山海關에 이르기까지의 기록. 〈북진묘기北鎭廟記〉, 〈차제車制〉, 〈희대戲臺〉, 〈시사市肆〉, 〈점사店舍〉, 〈교량橋梁〉, 〈강녀묘기姜女廟記〉, 〈장대기將臺記〉, 〈산해관기山海關記〉 등이 들어 있다.

권4 관내정사關內程史

7월 24일~8월 4일, 산해관山海關에서 연경燕京에 이르기까지의 기록. 〈열상화보洌上畵譜〉, 〈이제묘기夷齊廟記〉, 〈난하범주기灤河泛舟記〉, 〈석호석기射虎石記〉, 〈호질虎叱〉, 〈동악묘기東嶽廟記〉 등이 들어 있다.

제4책

권5 막북행정록漠北行程錄

8월 5일~9일 오전, 연경燕京에서 열하熱河에 이르기까지의 기록.

권6 태학유관록太學留館錄

8월 9일~8월 14일, 열하의 태학太學에 묵을 때의 기록. 태학은 조선의 성균관에 해당하는 국립대학으로, 청대에는 연경과는 별도로 열하에도 태학을 지어 학자들을 길러 냈다. 연암은 여기에서 당시 명망 있는 청나라 학자들을 만나 두 나라의 문물제도, 지구와 달의 움직임 등에 관해 토론을 벌였다. 권6~권18은 열하에서의 견문 기록이다.

제5책

권7 경개록傾蓋錄

태학에서 만난 청나라 학자들의 신상 명세가 기록되어 있다. '경개傾蓋'란 글자대로 풀면, '마차 덮개가 기울다'란 뜻으로, 친숙한 사이를 이르는 말이다. 공자가 담 지붕을 지나가나 정자程子란 인물을 만나 마차를 가지런히 세우고 이야기를 나누다 보니 어느덧 마차 덮개가 기울어진 줄도 몰랐다는 고사에서 왔다. 연암은 경개록의 머리말에서, "오랜 벗도 마음이 맞지 않으면 낯설기만 하고, 우연히 마주한 이라도 마음이 통하면 오래 사귄 벗과 같다."고 하면서 "한마디 이상 되는 이야기는 다 주워 모아 여기서 「경개록」이라 한다."고 적었다.

### 권8 망양록忘羊錄

태학에서 만난 윤가전尹嘉銓, 왕민호王民皞 등과 음악에 대한 견해를 나눈 기록.

### 권9 심세편審勢篇

조선 사람의 '다섯 가지 망령(五妄)'과 중국 사람의 '세 가지 어려운 일(三難)'에 대한 역설.

## 제6책

### 권10 곡정필담鵠汀筆談

곡정鵠汀은 왕민호의 호. 연암은 새벽 3~5시에 사신이 입궐하는 것을 보고 곧장 왕민호의 집으로 향한다. 아침밥을 먹으면서 이야기를 시작해 종이를 무려 30장을 바꿔 가며 장장 16시간에 걸쳐 필담을 이어간 기록이다. 풍속·천문·종교·역사·정치 등 다방면에 걸쳐 연암의 사상과 세계관이 피력되어 있다.

### 권11 황교문답黃敎問答

판첸라마, 곧 반선불 또는 활불의 전생 이력, 신기한 법력과 황제의 스승으로 모셔지게 된 내력이 낱낱이 실려 있다. 이 책 8장 '천하의 형세'에서 살펴본 내용이 이 편의 첫머리에 들어 있다.

### 권12 반선시말班禪始末

표면적으로 보이는 연암의 기술은 청 황제가 떠받드는 반선불을 한낱 오랑캐의 법왕쯤으로 취급하는 기색이 뚜렷하지만, 〈황교문답〉, 〈반선시말〉, 〈찰십륜포〉 편은 황교의 교리와 성승의 모든 것을 자못 세세하고 흥미진진하게 전달하고 있다.

### 권13 찰십륜포札什倫布

반선불을 접견하라는 청 황제의 명령을 받고, 피서산장 북쪽에 위치한 황금 전각, 즉 찰십륜포를 찾아가 보고 겪은 내용을 기록한 것. 이 책의 8장 '황금궁전'과 '파사팔'의 내용이 여기에 해당한다.

### 제7책

#### 권14 산장잡기山莊雜記
열하 산장에서의 견문기로, 아래 일곱 편의 유명한 잡문이 여기에 실려 있다. 〈야출고북구기夜出古北口記〉, 〈일야구도하기一夜九渡河記〉, 〈승구선인행우기乘龜仙人行雨記〉, 〈만년춘등기萬年春燈記〉, 〈매화포기梅花砲記〉, 〈납취조기蠟嘴鳥記〉, 〈만국진공기萬國進貢記〉, 〈상기象記〉

#### 권15 환희기幻戱記
요술쟁이의 기기묘묘한 묘기를 구경하고 기록한 것. 이 책의 9장에서 '소경의 눈물'이라는 제목으로 소개된 글은 〈환희기〉 '후지'로 알려져 있는데, 이목耳目의 밝음만을 자랑거리로 여기는 세태를 날카롭게 꼬집고 있다.

#### 권16 피서록避暑錄
"내가 피서산장에서 유람할 때에 기록한 것"이라고 글의 서두에 밝히고 있으나, 주로 중국과 조선의 시인들의 작품을 소개하고 평한 글들이 묶여 있다.

### 제8책

#### 권17 행재잡록行在雜錄
피서산장의 행재소行在所에서 황제에게 올린 문서와 황제가 내린 칙교를 모은 것. 연암은 머리말에서 밝히길, 청국이 조선을 환대하고 번잡한 책임을 면해 주는 것을 단순히 은혜로만 생각하지 말고, 저들이 나중에 흉년에 구제를 청하고 전쟁에 원조를 구할 수도 있음을 미리 헤아리고 살펴야 하니, 국사를 근심하는 이들에게 이 잡록들로 경계를 삼기 위함이라고 했다.

#### 권18 양매시화 楊梅詩話
양매서가楊梅書街에서 중국 선비들과 주고받은 시화에 대한 기록.

#### 권19 구외이문口外異聞
'구외口外'는 고북구의 밖을 말한다. 고북구를 출발해 열하로 가는 동안 들은 60여 가지의 기이한 이야기를 기록한 것.

권20 환연도중록還燕道中錄
8월 15일~20일, 열하에서 연경으로 돌아오는 동안의 기록.


제9책

권21 옥갑야화玉匣夜話
조선 시대 갑부 역관들에 대한 옥갑에서의 야화를 기록한 것. 홍순언과 변승업의 이야기, 그리고 변승업 집안의 부의 원천을 제공한 허생의 이야기가 실려 있다.

권22 황도기략黃圖紀略
'황도黃圖'는 황제가 있는 도성이니, 연경을 말한다. '황성구문皇城九門'을 시작으로 모두 40개 항목이 있다. 이중 하나가 '상방象房'으로, 이 책 7장 '상방 탐방기'에서 인용되었다.

권23 알성퇴술謁聖退述
연경에서 견문한 명소에 대한 기록으로, 공자의 위패를 모신 '순천부학順天府學', '태학太學', '학사學舍', '조선관朝鮮館' 등 열하에서 연경으로 돌아온 이후의 행적이다.

권24 앙엽기盎葉記
'앙엽盎葉'이란 옛 사람들이 감 잎사귀에 글자를 써서 항아리 속에 모아 두었다가 기록했다는 고사에서 따온 말이다. 연암이 극히 촉박하고 황망한 중에 황성 안팎의 여러 명소들을 둘러보고 남긴 기록인데, 그것이 "종이쪽은 나비 날개폭이나 될까 하고, 글자는 파리 대가리만큼씩"밖에 되지 않았다고 해서 붙인 제목이다.


제10책

권25 동란섭필銅蘭涉筆
동란재銅蘭齋에 머물면서 쓴 수필. 연암이 한 중국 인사의 집에 찾아갔는데, 그 집에서 구리를 부어 만든 난초를 보았다. 만든 솜씨가 뛰어나 며칠 빌려 와 처소에 두고는 '동란재'라는 편액을 써서 붙였다.

권26 금료소초金蓼小抄
중국에서 보고 들은 의술에 관한 기록.

```
국립중앙도서관 출판시도서목록(CIP)

(삶과 문명의 눈부신 비전) 열하일기 / 고미숙 지음 ; 박지원 원저. --
서울 : 작은길출판사, 2012
  p. ; cm. -- (고전 찬찬히 읽기 ; 1)

ISBN 978-89-98066-02-4 04810 : ₩14000

열하 일기[熱河日記]

816.5-KDC5
895.782-DDC21                           CIP2012004714
```

# 열하일기

삶과 문명의 눈부신 비전

ⓒ 고미숙 2012

2012년 11월 9일 초판 1쇄 펴냄
2023년 2월 15일 초판 14쇄 펴냄

고미숙 지음

펴낸이 김경희 | 펴낸곳 작은길출판사 | 출판등록 제2018-000084호
주소 서울 마포구 월드컵북로5가길 17 3층(서교동) | 전화 02-337-0764
팩스 02-337-0765 | 전자우편 footwayph@naver.com

ISBN 978-89-98066-02-4 04810
ISBN 978-89-98066-12-3 04800(세트)

잘못된 책은 구입처에서 바꿔 드립니다.
책값은 뒤표지에 있습니다.
이 책은 저작권법에 따라 보호받는 저작물이므로 무단전재와 무단복제를 금합니다.
이 책의 전부 또는 일부를 이용하려면 반드시 저작권자와 작은길출판사의 동의를 받아야 합니다.